Wilder PLACES

Erlebe unberührte Natur, wilde Abenteuer und pure Wildnis

30 Streifzüge durch ein wildes
Südtirol & die Dolomiten

Inhaltsverzeichnis

WO IST SÜDTIROL NOCH WILD?	06
WAS BEDEUTET WILDNIS?	08
NATUR BEWAHREN	11

TOUREN ZU WILDEN PLÄTZEN

01	ST. MARTIN AM SCHNEEBERG	14
02	ROSSKOPF – TELFER WEISSEN	20
03	WILDE KREUZSPITZE	26
04	WANSER ALM, SEEBERGALM	32
05	ALMENRUNDE IM HIRZERGEBIET	38
06	DIE SPRONSER SEENRUNDE	44
07	INS PFOSSENTAL	50
08	AUF DIE RÖTLSPITZE	56
09	ZUR MARTELLER HÜTTE	62
10	DAS SCHUSTERHÜTTEL	68
11	DIE KOFELRASTSEEN	74
12	DER ULTNER TALWEG	80
13	AUF DEN LAUGEN	86
14	DIE STOARNERNEN MANDLN	92
15	DIE ERDPYRAMIDEN	98
16	AUF DEN TOBLINGER KNOTEN	104
17	VON PEDERÜ ZUM LIMOJOCH	110
18	AUF DEN PIC (MONTE PIC)	116
19	UMRUNDUNG DER CIRSPITZEN	124
20	ZUM GRÖDNER JOCH	130
21	VOM COL ALT ZUR PRALONGIA	138
22	ZUR GRASLEITENHÜTTE	144
23	VAJOLETHÜTTE UND SANTNERPASS	150
24	PORTA VESCOVO	156
25	ZUM COL DI LANA	164
26	CRODA DA LAGO	170
27	CORVO ALTO	178
28	VIA FERRATA DEGLI ALLEGHESI	186
29	PASSO ROLLE – CAVALLAZZA	192
30	LAGUSEL & WASSERFÄLLE	198

WO IST SÜDTIROL NOCH wild?

Südtirol ist das mitteleuropäische Wandergebiet schlechthin, die Region lebt vom Tourismus. Kann es da wirklich noch Wildnis geben?

Unsere Lebensrealität ist eine Zeit, in der wir von fast allen Orten auf der Welt Bilder bestaunen können. Im Fernsehen. Im Internet. Man kann sogar auf Google Earth direkt und fast millimetergenau auf einen beliebigen Fleck auf der Welt hinzoomen. Dabei haben wir laut Eckart Nickel eine Elementartugend verloren: „Die Fähigkeit, uns auf etwas einzulassen und ein Gefühl der Überraschung zu erfahren." Wildnis gibt es laut World Wide Web in Ansätzen im Amazonas, Sibirien, Kanada. Südtirol kommt in der Auflistung nicht vor.

Rund 72 Einwohner leben hier auf einer Fläche von einem Quadratkilometer, der Tourismus ist ein wichtiger Wirtschaftszweig. Unglaubliche 8 Millionen Touristen besuchen jährlich die Region und ein großer Teil von ihnen kommt aufgrund der spektakulären Alpenkulisse und der schönen Natur. Auch wenn nicht alle Einsamkeit und Abgelegenheit suchen, sondern sich viele mit dem italienischen „dolce far niente" begnügen, ist es doch ein beträchtlicher Teil der Gäste, der in die hintersten Täler und auf die höchsten Gipfel vordringt. Die dafür geschaffene Infrastruktur lässt wenig Spielraum für echte Wildnis. Aber was ist das eigentlich genau, diese Wildnis?

Der WWF definiert es auf seiner Homepage folgendermaßen: „Das Wort ‚wild' bedeutet ursprünglich ‚eigenwillig', ‚selbstbestimmt' oder ‚unkontrollierbar'. Eine Landschaft ist wild, wenn die Natur hier ihren Lauf nehmen darf – selbstbestimmt und vom Menschen unbeeinflusst." Und damit kommen wir auch der Wildnis in Südtirol schon ein Stück näher. Der menschliche Einfluss auf die Natur ist scheinbar omnipräsent, sowohl in den Dolomiten als auch in den Weinbergregionen hat der Mensch seine Hände im Spiel und macht sich die Natur zu eigen. Aber Südtirol ist trotz des mediterranen Einflusses ein Land der Berge und sie lassen sich nicht so ohne Weiteres und vollständig zähmen. Dies zusammen mit der Einsicht, dass man der Natur wieder mehr Raum geben muss und der Ausweisung von Schutzgebieten, ermöglicht auch heute noch, beziehungsweise wieder, zumindest „wildnisähnliche" Gebiete.

Der Nationalpark Stilfser Joch etwa ist der größte Italiens und hat eine weitgehend unberührte alpine Umgebung mit vielfältiger Flora und Fauna zu bieten. Im Naturpark Texelgruppe bieten Wälder, Almwiesen und Gipfel Rückzugsorte für viele Tierarten. Und in den Naturparks Fanes-Sennes-Prags und Puez-Geisler in den Dolomiten gibt es noch unberührte Täler, Wälder und alpine Landschaften.

Es sind keine vom Menschen unberührte Landschaften. Aber sie sind eigenwillig und in weiten Teilen unkontrollierbar – und damit wild.

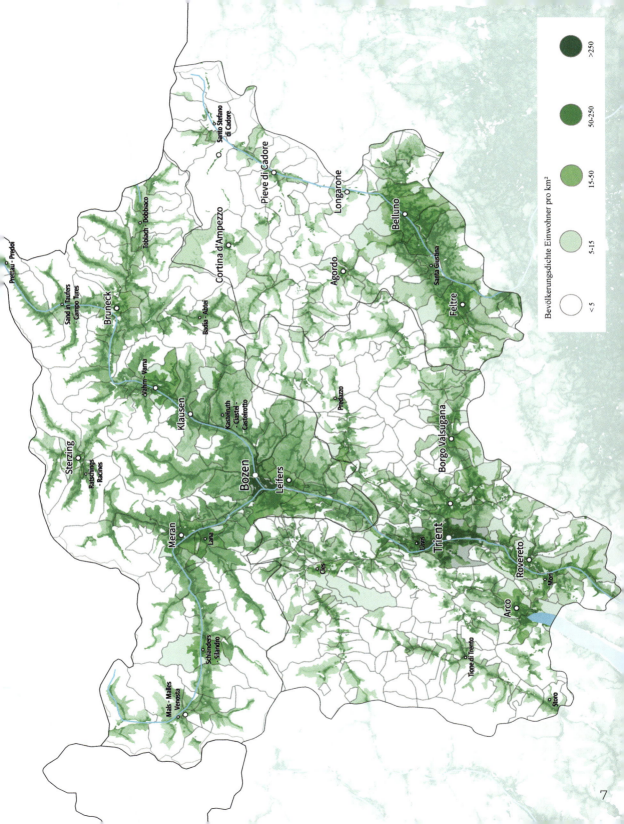

WAS BEDEUTET Wildnis?

Urwälder, Moore, Hochgebirgsregionen. Wildnis hat viele Gesichter. Aber was bedeutet Wildnis überhaupt? Was macht sie aus und welche Rolle spielt der Mensch in ihr?

9 Mio. Beiträge finden sich auf Instagram unter #wilderness (Stand Dez. 2023). Social Media hat Sehnsucht. Nach unberührten Landschaften – nach einem Perspektivenwechsel. Und: Abstand von der Zivilisation.

Wildnis – der Gegenentwurf zur menschgemachten Kulturlandschaft.

Dieser Abstand, dieses Aussteigen hat Menschen schon immer fasziniert. Man denke nur an Henry David Thoreau, der bereits 1845 in die Wälder Massachusetts zog, um der Zivilisation für zwei Jahre den Rücken zu kehren. Sein daraus entstandenes Buch „Walden" ist bis heute ein Klassiker der Aussteiger-Literatur.

Doch was ist diese Wildnis? Als Begriff kann die Wildnis nur als Gegenentwurf zu unserer menschengemachten Kulturlandschaft wahrgenommen werden. Nur im Kontrast zu Zivilisation, Computern, Häusern, kann es einen Raum geben, in dem die Natur noch Natur ist.

Lasst uns die Wildnis deshalb aus ökologischen Gesichtspunkten betrachten: Wildnis ist eine Gegend mit ursprünglichem, intaktem Naturhaushalt bzw. gesunden Ökosystemen, die sich selbst regulieren und in die sich der Mensch idealerweise hätte einfügen müssen, statt aus ihnen kurzfristigen, wirtschaftlichen Nutzen zu ziehen. Laut Bundesamt für Naturschutz sollen „in Wildnis(entwicklungs)gebieten vielfältige natürliche räumlich-dynamische Prozesse weitestgehend ungestört ablaufen können." Durch diese natürliche Dynamik wird eine standorttypische biologische Vielfalt gefördert und gesichert. Das heißt: Natur kann sich hervorragend selbst an sich ändernde Umweltbedingungen anpassen. So auch an den Klimawandel. Wildnisgebiete können sogar die Auswirkungen des Klimawandels begrenzen, denken wir nur mal an die Moore als Kohlenstoffsenken.

Doch auch für uns Menschen tut die Natur so einiges. Der Schriftsteller T.C. Boyle hatte ganz recht, als er in einem Interview sagte: „Wir brauchen Wildnis für unsere geistige Gesundheit." Sie schenkt uns Freiheit, Ruhe und den genannten Perspektivenwechsel, lässt uns das Smartphone zur Seite legen und ganz bei uns ankommen. Dabei muss es nicht Alaska sein, auch in die städtischen Gebiete kehrt die Wildnis zurück. Die Natur erobert sich alte Rangierbahnhöfe oder Tagebaustätten. Diese aufgegebenen Orte sind ideal, um Wildnis wieder zu entdecken.

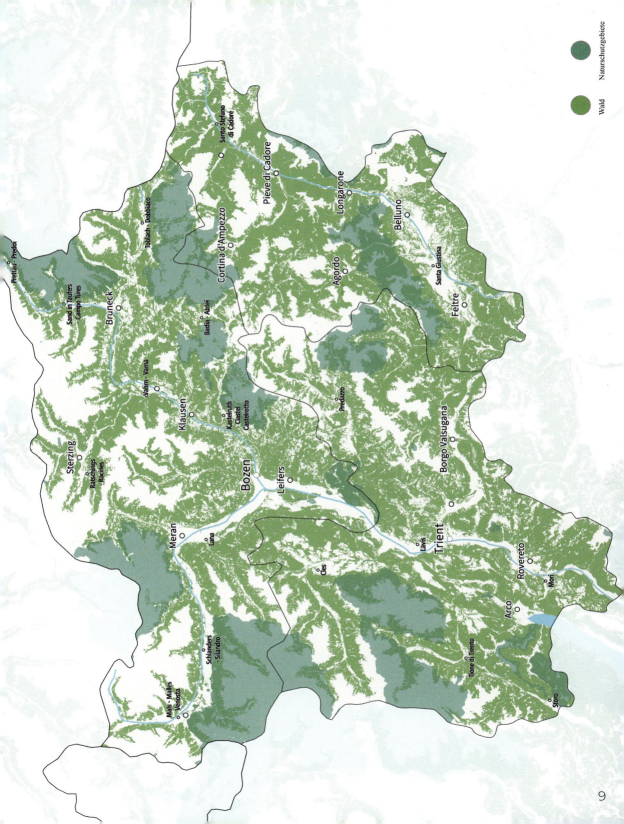

WildnisERLEBEN

Wir alle kennen wohl mittlerweile diese auf Social Media gehypten Naturspots, bei denen wir uns denken: „Wow, da muss ich hin!" Und wenn man schließlich ankommt an einem solchen Sehnsuchtsort, muss man mit Ernüchterung feststellen, dass man mit diesem Gedanken wohl nicht alleine war, während man sich in die Schlange stellt, um dann auch dranzukommen und das eine „einzigartige" Foto zu schießen. Die wartende Menschenschlange hinter sich versucht man dabei natürlich nicht im Bild zu haben.

Das Problem ist aber nicht nur die persönliche Enttäuschung, denn die arrangierten Fotos von unberührter Natur ziehen nicht nur Wandernde und andere FotografInnen an. Vielmehr wird dann wild gecampt, Lagerfeuer gemacht und Müll zurückgelassen, Schutzgebiet hin oder her. Immer wieder kommt es vor, dass unberührte Orte überrannt werden. Sei es für Fotos oder den Moment abseits vom Alltag. Leider scheinen einige verlernt zu haben, wie man sich in der Natur verhält.

Wie also verhalten beim Aufenthalt in der Natur? Was würde uns der Wildnis-Knigge raten? Kommen wir zum ersten Thema, das viele Freiheitssuchende antreibt: Wildcamping. In Südtirol ist Wildcampen generell nicht erlaubt. Eine Ausnahme ist, wenn du dich ungeplant und für maximal 24 Stunden an einem Ort niederlässt, an dem es kein ausdrückliches Verbot gibt, oder wenn es der Eigentümer eines Grundstücks genehmigt. Auch Lagerfeuer sind prinzipiell – außer an eigens dafür ausgewiesenen Plätzen – nicht gestattet.

Dann darf ich in der Wildnis ja gar nichts machen, denkst du dir jetzt vielleicht. Doch, schier unendlich viel. Du kannst über ihre Wiesen streifen, durch ihre Täler wandern, auf ihre Berge, Felsen, Grate steigen, durch Flüsse und Seen schwimmen und dich unter Wasserfälle stellen. Du darfst sie besuchen, wie du einen guten Freund besuchen würdest. Höflich, zuvorkommend und vor allem so, dass niemand nach dir merkt, dass du da warst. In der Natur bist du zu Gast im Wohnzimmer von Pflanzen und Tieren. Du willst ja auch nicht, dass deine Gäste lautstark durch deine Woh-

Natur
BEWAHREN

Wir alle wollen in die Natur, sie erleben. Mit allen Sinnen und am besten 24/7. Doch was dürfen wir überhaupt an den wilden Orten in Südtirol und den Dolomiten? Wie sieht es mit Wildcamping und Lagerfeuer aus? Ein Einblick in den Wildnis-Knigge.

nung trampeln und dann auch noch ihren ganzen Müll bei dir liegen lassen. Wenn wir uns alle so in der Natur bewegen, haben wir noch lange etwas von ihr.

Fünf Tipps für dein Verhalten in der Wildnis:

1. Keine Spuren hinterlassen – nimm deinen Müll wieder mit
2. Rücksicht auf Wildtiere nehmen – meide für deine Wanderung die Dämmerung
3. Übernachte nur auf ausgewiesenen Plätzen – das gleiche gilt für Lagerfeuer
4. Pfade nicht verlassen – bleibe auf den markierten Wegen
5. Umwelt- und klimafreundlich anreisen

1. St. Martin am Schneeberg
TOP OF BERGWERK

Bergsteigen rund um ein Bergwerk, noch dazu um das höchstgelegene Europas – das lässt sich im hinteren Passeiertal leicht verwirklichen.

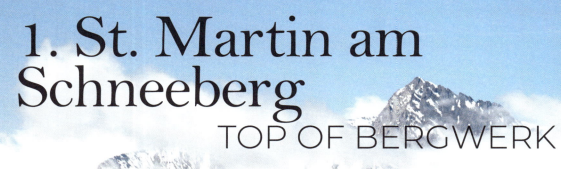

Im Passeiertal
ÖSTERREICHS GRENZE

800 Jahre lang wurde am Schneeberg über dem Passeiertal Bleiglanz und Zinkblende abgebaut – im höchstgelegenen Bergwerk Europas. Über 130 Kilometer Stollen und Schächte durchziehen dort die Berghänge.

Seine Blütezeit erlebte das Bergwerk um 1500, als rund 1.000 Knappen dort beschäftigt waren. Ende des 19. Jahrhunderts entwickelte sich St. Martin am Schneeberg zur höchstgelegenen Dauersiedlung Europas mit Schule, Krankenhaus, Gasthaus und Vereinen. Nach einem Brand in der Knappenunterkunft wurde 1967 der Bergbau am Schneeberg eingestellt. Gebäude, Stollen und Förderanlagen sind bis heute erhalten. Das ehemalige Herrenhaus mit dem Gasthaus heißt heute „Schutzhütte Schneeberg" und bietet gutes Essen und komfortable Übernachtungsmöglichkeiten an – schön in einer Höhe von 2.355 Metern! Schauraum, Erlebnispfad und Führungen lassen die Zeit des Bergbaus lebendig werden.

St. Martin am Schneeberg

Längere, abwechslungsreiche Tour auf Wirtschafts- und Bergwegen. Teils nur über Pfadspuren und über felsiges und gerölliges Gelände. Trittsicherheit erforderlich. Bei Nebel kann die Orientierung schwierig sein.

Dauer ca. 6:00 h I Distanz: 16,4 km I Höhenmeter: 970

Diese Rundwanderung berührt zwei völlig unterschiedliche Täler. Zum Großen Timmler Schwarzsee wandert man durch ursprüngliche Alm- und Hochgebirgslandschaft. Die Passer, die durch das Passeiertal bis nach Meran fließt, hat hier ihren Ursprung. Das Tal rund um die ehemalige Knappensiedlung St. Martin am Schneeberg ist dagegen von der jahrhundertelangen Bergwerkstätigkeit geprägt.

▶ Vom Parkplatz 01 (1759 m) zurück auf den schottrigen Fahrweg, der rechts der Passer taleinwärts führt (Mark. 30). Bei der Timmelsalm 02 (2000 m) überquert man eine Brücke und steigt nordöstlich bergan. Man passiert eine Klamm mit einigen Wasserfällen und überwindet eine Steilstufe. Auf der linken Seite der

Hochflächen Unter- und Oberkrumpwasser, über die die Passer in vielen Windungen mäandert, wandert man in gemächlicher Steigung weiter taleinwärts.

Nach einer Almhütte geht es noch einmal steiler über einen Geländeaufschwung hinauf, bevor man vor der Mulde mit dem Großen Timmler Schwarzsee **03** (2505 m) steht. Man blickt direkt auf die wuchtigen Flanken des Botzers und auf die hellen Wände der Schneeberger Weißen. Rechts (östlich) am Schwarzsee entlang, den Abfluss des Sees queren und ein Stück über den Hang bergab (Mark. 29). Nun geht man über die welligen, felsdurchsetzten Wiesen nach Südosten. Man steigt zu einer Brücke **04** (2450 m) oberhalb eines Tümpels hinunter und hält auf die gerölligen Flanken der Schneeberger Weißen zu. Über Felsblöcke, Schotter und Wiesenflecken steigt man südwärts teilweise steil hinauf zur Karlscharte **05** (2666 m, in manchen Führern auch als Gürtelscharte bezeichnet). Rechts ragt die Gürtelwand auf, leicht zu erkennen an ihrem „Gürtel" aus hellem Gestein. Jenseits zuerst über Geröllfelder, dann auf der linken Seite des Hochtals über eine grasige Rippe hinab.

Der Steig biegt scharf nach links (Osten) ab, quert die steilen Wiesenhänge auf der Südseite der Schneeberger Weißen und führt hinunter zum Bach am Talgrund. Am Gegenhang kurz hinauf zu den Gebäuden des ehemaligen Bergwerks und zur Schneeberghütte **06** (2355 m). Von hier erreicht man in 1 Stunde den Kleinen Schwarzsee (2620 m) in schöner Hochgebirgslandschaft.

Vom Unterkunftshaus steigt man westwärts auf dem breiten ehemaligen Militärweg bergab. Noch vor dem Seemoos mit einem seichten See zweigt rechts über den Bach **07** (2130 m) der Knappensteig ab (Mark. 29). Er führt fast auf einer Höhe wunderschön am Hang entlang. An einer Gabelung hält man sich rechts (links in wenigen Minuten zur bewirtschafteten Oberen Gostalm).

Man quert die Hänge oberhalb der Timmelsjochstraße, steigt schließlich durch Wald hinunter und gelangt über die Almwiesen zurück zum Parkplatz **01**.

Wilder PLACE **01**

2. Rosskopf & Telfer Weißen
BESUCH BEI DEN VERWANDTEN

Wie der Name schon sagt, zeigen einige Berge über Sterzing eine helle Gesteinsfarbe. Dass sie mit den berühmten Dolomiten verwandt sind, wissen nur wenige.

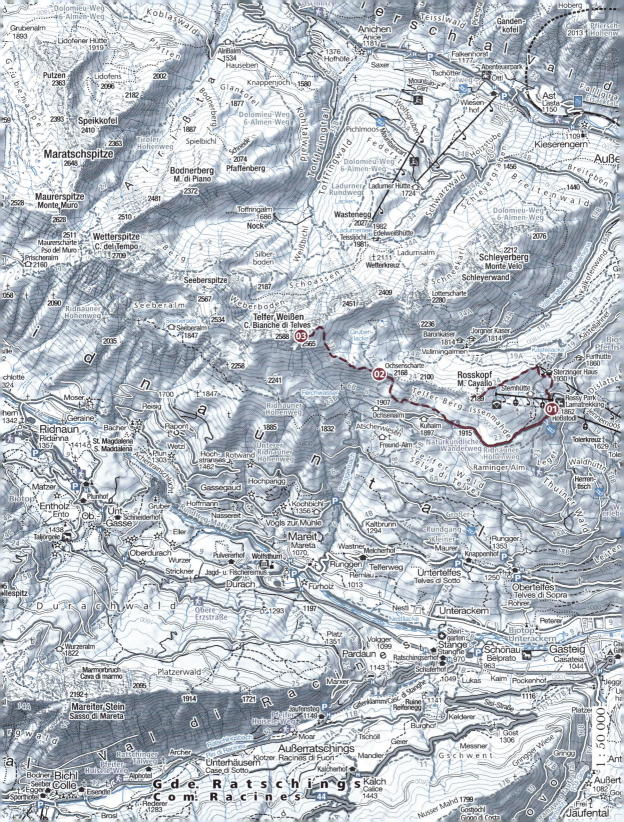

Einzigartige
GESTALT

Der Aufbau der Telfer Weißen aus hellem Trias-Dolomit lässt die Gipfel weithin leuchten, als würden sie den Weg weisen und rufen: „Komm mich besuchen!"

Die Tour beginnt und endet gemächlich mit der Seilbahnfahrt auf den Rosskopf bei Sterzing auf einer Seehöhe von 950 Metern, den Rucksack schultern wir dann an der Bergstation auf 1.662 Metern. Unser Ziel die Telfer Weißen werden eigentlich von einer Gipfelgruppe gebildet, der Kamm, zu dem sie gehören, trennt das Pflerschtal im Norden vom Ridnauntal im Süden. Was man abseits von einer recht anspruchsvollen Bergtour erwarten kann? Traumhafte Blicke zu den benachbarten Tribulaunen beispielsweise. Das Panorama ist umwerfend und es fällt schwer, den Fotoapparat aus der Hand zu legen. In dieser alpinen Region sollte man die Gefahren aber nicht auf die leichte Schulter nehmen und kein Risiko eingehen. Bei Gratwanderungen und Schlüsselstellen muss man die Hände frei haben und die Kamera in den Rucksack packen. Kurz vor dem Gipfel der Telfer Weißen ist so eine Stelle in Form einer Kletterpassage mit Seilversicherung.

Rosskopf – Telfer Weißen

Der Abstecher auf den Rosskopf ist eine kurze und problemlose Bergwanderung. Der Weg zu den Telfer Weißen führt zunächst durch Almgelände, der deutlich schwierigere Gipfelanstieg erfordert jedoch Trittsicherheit, der Übergang vom Ost- zum Hauptgipfel auch Schwindelfreiheit und Klettergewandtheit.

Dauer ca. 5:30 h | Distanz: 12,8 km | Höhenmeter: 800

Die äußerst eindrucksvolle Gipfeltour auf die Telfer Weißen – ihr helles Dolomitgestein unterscheidet sich deutlich von den dunkleren Bergen der Umgebung – stellt für geübte Alpinisten ein unvergessliches Erlebnis dar. Wer nicht ganz so hoch hinaus will, erklimmt den näheren, viel einfacher zu erreichenden Rosskopf, den aussichtsreichen Hausberg der Sterzinger. Der gut markierte Gipfelweg führt von der Bergstation der Seilbahn zunächst zum Sterzinger Haus und von dort über den Rücken auf den Gipfel, 2189 m.

▶ Der Zustieg von der Seilbahn-Bergstation 01 (1862 m) folgt dem breiten Weg Nr. 23, einem alten Erzweg, zuerst fast eben durch Almwiesen zur Ochsenalm. Achtung! Kurz vor der ersten Almhütte zweigt man rechts ab und wandert auf einem schmalen Pfad durch die mit Alpenrosen bewachsenen Hänge in die Ochsenscharte 02 (2168 m) hinauf. Dort nach links und über den Grat zum Gipfelaufbau. Über die breite und karstige Flanke steigt man zum Ostgipfel der Telfer Weißen auf.

Es folgt ein kurzer, aber sehr luftiger Abstieg durch einen Kamin, der mit Drahtseilen gesichert ist. Aus der so erreichten Scharte klettert man über eine felsige Rampe zum Grat und zum Kreuz auf dem Hauptgipfel 03 (2588 m). Hier muss man sehr vorsichig und „sauber" hinauf- und hinabsteigen, es besteht Steinschlaggefahr! Der Abstieg erfolgt auf der gleichen Route.

Variante: Man kann auch die beiden Gipfelziele in einer Tour kombinieren, indem man zuerst auf den Rosskopf wandert und von dort über den Grat zur Ochsenscharte geht (die Dauer der gesamten Rundtour beträgt ca. 6 Stunden).

3. Wilde Kreuzspitze
WILD DIE SPITZE, WILD DER SEE

Hoch ist sie und „wild" soll sie sein, die Kreuzspitze, das braucht trittsichere Wanderer aber nicht abzuschrecken und lohnt sich allemal: Die Aussicht ist atemberaubend.

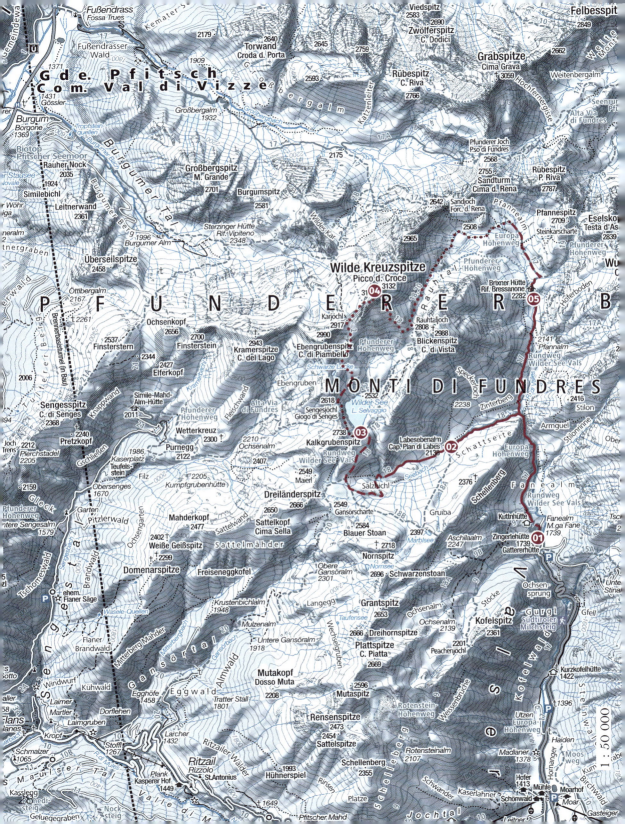

Außergewöhnlich
UND SPEKTAKULÄR

Die Pfunderer Berge zählen zu den Zillertaler Alpen. Von ihrem höchsten Gipfel aus, der Wilden Kreuzspitze, bietet sich ein hervorragender Rundblick auf das gesamte Gebiet dieses Gebirgszugs.

Am Gipfel angekommen, glitzert tief unten der Wilde See in der Sonne, je nach Lichteinstrahlung mutet er mit seinem strahlenden Grün fast schon karibisch an. Seinen Namen verdankt der Wilde See wohl einem interessanten Wetterphänomen. Wer bei Schlechtwetter am See vorüberwandert kann ein düsteres Grollen aus seiner Tiefe emporsteigen hören. Selbst wenn er von Schnee und Eis bedeckt ist, ist das Donnern oft noch zu hören. Der Legende nach soll das schauderhafte Geräusch von drei Franzosen stammen, deren Seelen zur Zeit der Besetzung durch Napoleon in den Wilden See verbannt worden seien.

Wilde Kreuzspitze

Hochalpine Gipfelüberschreitung auf teilweise rauen Wegen; Trittsicherheit und Ausdauer unerlässlich, Abstieg bei Nässe unangenehm rutschig.

Dauer ca. 7:15 h | Distanz: 17,1 km | Höhenmeter: 1420

Doch keine Angst, wer über einen sicheren Tritt und eine gute Kondition verfügt, darf sich eine Besteigung des höchsten Gipfels der Pfunderer Berge durchaus zutrauen – aber nur bei gutem Wetter. Dann bietet der Dreitausender auch ein großes, an Kontrastbildern reiches Panorama. Im Norden stehen die vergletscherten Dreitausender des Zillertaler Hauptkamms, am südlichen Horizont reihen sich Dolomitenzacken aneinander, fern im Westen blinken die Gletscher von Adamello, Ortler und Ötztaler Alpen, und über dem Dunst des Südtiroler Unterlands sind sogar ein paar Höhenzüge der Gardaseeberge auszumachen.

▶ Der Anstieg beginnt auf einer Sandstraße, führt von der idyllisch gelegenen Fanealm **01** (1739 m) in die wilde Klamm der Schramme, dahinter links ins weiträumige Almrevier des Seebachs.

An der urigen Labesebenalm **02** (2138 m) endet die breite Piste; ein sehr gut markierter Weg führt weiter ins Talinnere, dann über einen grasigen Hang schräg bergan. An der Verzweigung unter der Gansörscharte hält man sich rechts und folgt der Spur, die an der recht ab-

schüssigen Seeleite (Vorsicht!) entlang zum Wilden See **03** (2532 m) führt. Von seinem Westufer geht's kurz hinauf zum „Pfunderer Höhenweg", der vom nahen Sengesjöchl herüberkommt. Mit ihm nur ganz kurz bis zur nächsten Gabelung; hier links durch einen steinigen Graben hinauf ins Karjöchl (2917 m). Aus der Scharte über Geröll und leichte Schrofen zur Wilden Kreuzspitze **04** (3132 m). Vom Gipfel leitet eine deutliche Spur über die Südostflanke der Wilden Kreuzspitze hinab bis ins Rauhtaljoch (2808 m). Nun weiter den Markierungen folgend durch das Rauhtal (das seinen Namen durchaus verdient!) abwärts. Unter den Geröllmassen versteckt sich hier ein winziger (aber ungefährlicher) Gletscherrest. In steilen Kehren führt der Weg hinab in den weiten Boden der Pfannealm und biegt dann im Flachen nach Süden ab. Bald schon kommt die 1973 erbaute Brixner Hütte **05** (2270 m) in Sicht; von ihrer Terrasse geht der Blick übers Valser Tal bis zum fernen Zackenprofil des Langkofels.

Der weitere Abstieg führt über die Pfannalm (2141 m) hinunter zur Schramme, wo man auf den Anstiegsweg stößt. Auf ihm zurück zur Fanealm **01**.

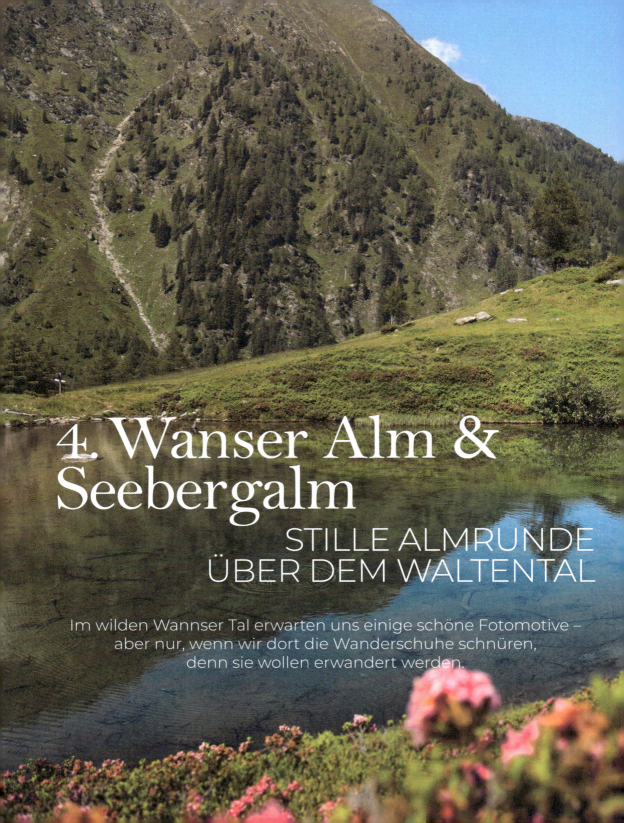

4. Wanser Alm & Seebergalm

STILLE ALMRUNDE ÜBER DEM WALTENTAL

Im wilden Wannser Tal erwarten uns einige schöne Fotomotive – aber nur, wenn wir dort die Wanderschuhe schnüren, denn sie wollen erwandert werden.

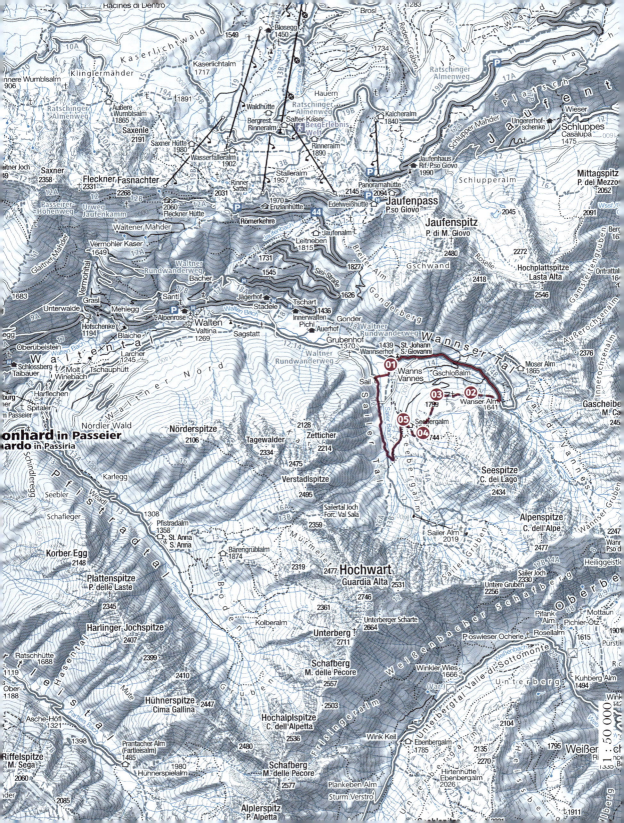

Farb-
EXPLOSION

Das Waltental verzweigt sich ins Wannser Tal und das Sailer Tal; wie stumme Wächter wirken die sie umschließenden hohen Bergkämme der Sarntaler Alpen und der Stubaier Alpen.

Im Ausgangs- und Zielort dieser Wanderung, dem kleinen Weiler Wanns (ital. „Vannes"), steht ein kleines Kirchlein, das dem Hl. Johannes von Nepomuk geweiht ist. Am 24. Juni findet alljährlich die Johannes-Prozession statt, bei der eine lebensgroße Statue des Heiligen in den Waltenbach getaucht und anschließend zur Kirche gebracht wird. Der Brauch soll vor Unwettern mit Hochwasser schützen.

Wir nehmen den Schutz gerne an und hoffen auf gute Wetterverhältnisse, um diese Almlandschaft wie aus dem Bilderbuch in vollen Zügen genießen zu können. Zur Zeit der Almrosenblüte bietet das spiegelnde Blau des Seebergsees mit dem kräftigen Grün der Wiese und der Bäume in Kombination mit dem Rosa der Almrosen ein besonders reizvolles Motiv, im Herbst vollführen die sich gelb und orange färbenden Lärchenwälder am Jägersteig ein beeindruckendes Farbenspiel. So schön, dass man es schon beinahe als kitschig – im positiven Sinn – bezeichnen könnte!

Wanser Alm & Seebergalm

Gemütliche Genusswanderung durch eine ursprüngliche Almlandschaft, unschwierige Steige und Fahrwege. Auch gut für Kinder geeignet.

Dauer ca. 2:10 h | Distanz: 5,8 km | Höhenmeter: 341

Diese einfache Rundtour am Fuße der Seespitze berührt zwei einsame, noch weitgehend unberührte Hochtäler. Zwei urige Almen laden zur Rast ein, das Ufer des kleinen, romantischen Seebergsees zum sonnigen Mittagsschläfchen im weichen Wiesenbett. Der Jägersteig ist besonders schön zur Alpenrosenblüte oder im Herbst, wenn die Lärchenwälder zu brennen scheinen. Dann muss allerdings die Brotzeit in den Rucksack, da die Almen bereits geschlossen haben.

Vom kleinen Weiler Wanns 01 führt ein zunächst noch asphaltierter Fahrweg nach Osten ins Wannser Tal (Mark. 14). Er geht bald in eine Schotterstraße über, steigt etwas steiler an und leitet dann mit nur noch geringer Steigung zur inmitten von Lärchenwiesen gelegenen Wannser Alm 02.

Dort besteht die Möglichkeit, das Almentrio komplett zu machen und der Moser Alm (1865 m) am Hang über dem Wannser Tal einen Besuch abzustatten (geöffnet Juni bis September). Dazu folgt man dem Fahrweg in einem Linksbogen weiter bergauf und zweigt auf Steig 14b zur Moser Alm ab (40 Min. ab Wannser Alm). Auf der rechten Seite der Wannser Alm beginnt der Jägersteig (Mark. 14a), der sich in Kehren über den steilen bewaldeten Hang hinaufwindet. Beim „Kreuz am Jägersteig" 03 hat man den Anstieg geschafft und folgt dort links dem Pfad, der mit geringem Höhenverlust südwestlich durch den Wald zum Seebergsee 04 führt. Man geht rechts am See vorbei und steigt in 5 Minuten hinunter zur Seebergalm 05, ebenfalls eine zünftige Einkehr (geöffnet ca. Anfang Juni bis Mitte September). Auf dem breiten Almweg macht man sich auf den Rückweg. Er führt zuerst taleinwärts zum Sailerbach hinunter, quert diesen und leitet auf der linken Bachseite zum Talausgang. Vor dem Sailer Hof geht man wiederum über den Bach und oberhalb einer großen Wiese auf steinigem Pfad bergab. Durch Wald gelangt man nach Wanns 01 zurück.

Wilder PLACE 04

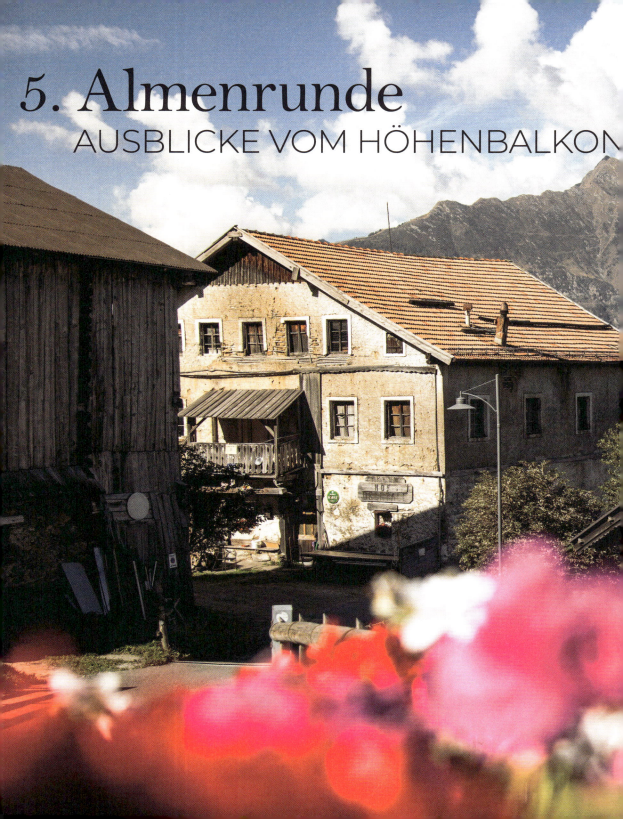

5. Almenrunde
AUSBLICKE VOM HÖHENBALKON

Über etliche Hütten und Almen führt der Weg im Schatten des Hirzers – die Herausforderung ist eine Wahl für die Einkehr zu treffen. Damit sollten wir leben können ...

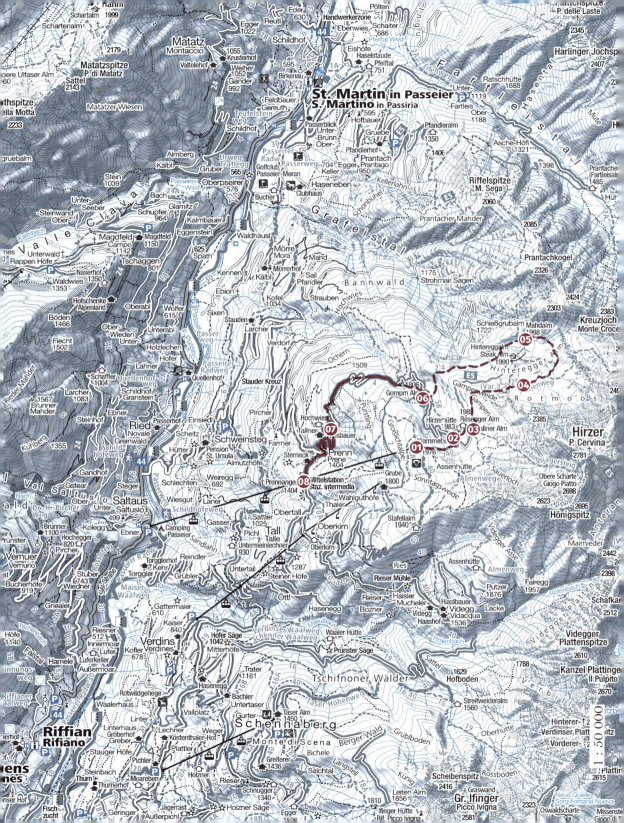

Almen-Hopping
ÜBER DEM PASSEIERTAL

Auch der Hirzer, ein markanter 2.781 Meter hoher Felsdreikant hoch über dem Passeiertal, besitzt eine Aussichtsloge in mittlerer Höhe, die zum Almflanieren geradezu einlädt. Alt und neu liegt dort nah beieinander.

„König" der Sarntaler wird der Hirzer auch genannt – zu Recht, denn er überragt die umstehenden Bergriesen alle. Man muss ihn aber gar nicht bezwingen, um sie zu überblicken, auch auf Höhe von Rotmoos und Hinteregger Alm hat man ein atemberaubendes Bergpanorama vor sich, das sich auch noch bequem mit der Seilbahn erreichen lässt. Man muss sich nicht immer maximal anstrengen, manchmal darf man auch einfach genießen …

Almenrunde im Hirzergebiet

Leichte, aussichtsreiche Wanderung ohne größere Steigungen, die auf schönen Almsteigen, ab der Gampenalm auch auf einem Fahrweg, verläuft.

Dauer ca. 3 h | Distanz: 9,2 km | Höhenmeter: Auf 244/Ab 805

In der Gondel der Hirzer-Seilbahn schwebt man mühelos auf annähernd 2000 Meter Höhe und weiß zunächst einmal nicht, wohin man zuerst schauen soll: Unzählige Gipfel wachsen vom Etschtal im Süden bis zum Jaufenpass im Norden in den Himmel. Bei einer gemütlichen Rundtour über die blumenreichen Almwiesen unterhalb der steilen Flanken des Hirzers kann man dieses Panorama in aller Ruhe auskosten und sich auf den Almen durch die Passeirer Spezialitäten probieren. Besonders schön ist die Wanderung zur Zeit der Alpenrosenblüte im Juni und Juli.

▶ Ein wenig oberhalb von Bergstation und Gasthaus Klammeben 01 zeigt ein Wegweiser die Richtung zur Hirzerhütte an. Man geht nach links auf einem breiten Weg einen Bachgraben aus und kommt in einen weiten Kessel unter den Bergflanken des Hirzers. Mehrere Hütten mit schönem

Blick auf die Texelgruppe und schmackhafter Almküche laden bereits hier zum Verweilen ein. Von der Hirzerhütte 02 steigt man über die Almwiesen zur obersten Hütte, der Tallner Alm Kaser 03, hinauf und passiert dabei die Reseggeralm. Bei der Tallner Alm beginnt der „Rotmoos Almenweg" (Mark. 2b). Er führt nordwärts bergauf und um einen Rücken, der vom Hirzer herunterzieht, in den nächsten Bergkessel. Ohne großen Höhenunterschied quert man lichten Lärchenwald und schöne Alpenrosenhänge. Bei einer Abzweigung könnte man in wenigen Minuten zur Hintereggalm absteigen und von dort aus die Wanderung zur Mahd- oder zur Gampenalm (auch Gompm Alm) fortsetzen.

Der Almenweg zieht dagegen zur Mulde des Rotmooses 04 hinauf, die von der abweisenden Nordseite des Hirzers überragt wird, und leitet, vorbei an der Abzweigung zur Pfandlspitz, in einem großen Bogen zur Mahdalm 05 hinunter. Wer es sich dort in einem der Liegestühle bequem gemacht hat, wird sich schwer wieder von diesem idyllischen Flecken losreißen können. Unterhalb der Mahdalm führt ein Steig Richtung Gampenalm über die Wiese hinab, quert einen Bach und verläuft flach das Tal hinaus. In kurzem Anstieg umgeht man wiederum den Bergrücken und kommt zu den Wiesen der Gampenalm. Wem das Bergaufgehen sympathischer ist, könnte dort links auf Steig 5b abzweigen und über die Hirzerhütte zur Bergstation Klammeben zurückkehren (40 Minuten). Für den Abstieg passiert man die Gampenalm 06, biegt rechts in den Fahrweg ein und kürzt nach 150 Meter links die ersten Kehren auf einem Steig ab. Nach circa 10 Minuten verlässt man den Weg Nr. 5 nach St. Martin und folgt der Straße ziemlich flach über die steilen Waldhänge des Sagbachtals nach Westen (Mark. 4).

Einige Serpentinen lassen sich erneut auf einem Waldpfad abschneiden. Der Fahrweg dreht nach Süden, kommt am schön gelegenen Gasthaus Hochwies 07 vorbei und schlängelt sich zur Fahrstraße nach Prenn hinunter. Etwas ansteigend kehrt man zur Mittelstation 08 der Hirzer-Seilbahn zurück.

Wilder PLACE 05

6. Spronser Seen
HOCHALPINE WASSERPERLENKETTE

Mit großer Wahrscheinlich trifft man hier Gämsen und Murmeltiere, nahe der Schutzhütte Oberkaser können urgeschichtliche Felszeichnungen bewundert werden.

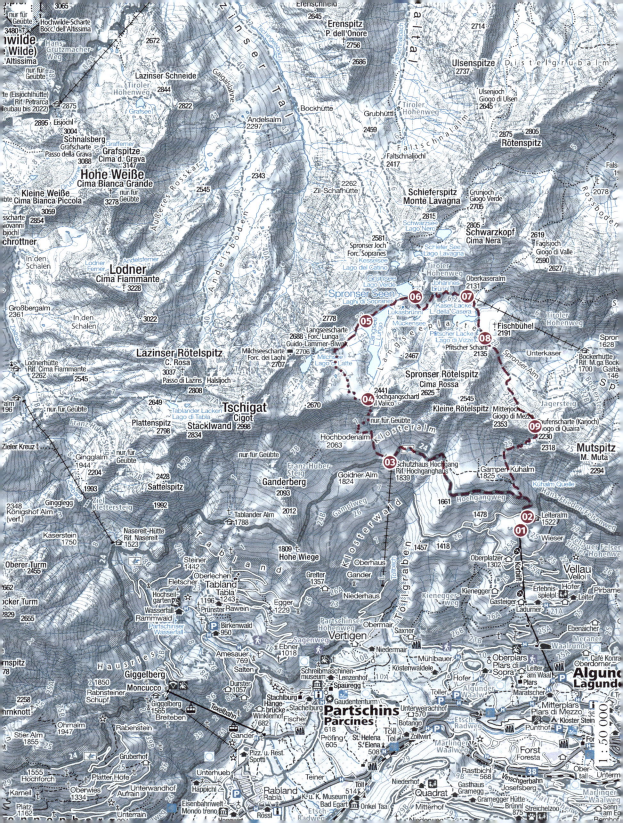

Farbenprächtige
WASSERSPIELE

Die Spronser Seenplatte ist die größte hochalpine Seengruppe Südtirols, sie erstreckt sich über Höhen zwischen 2.117 und 2.589 Höhenmetern. Einige Namen der Seen lassen erahnen, dass man sich unter anderem auf die Vielfarbigkeit der Gewässer freuen kann.

Von Algund (ital. Lagundo) aus erreicht man mit dem Korblift Vellau bequem die Bergstation und hat sich so schon etliche Höhenmeter erspart. Keine Sorge: Es bleiben noch mehr als genug übrig.

Die zehn kristallklaren und türkis-blauen Spronser Seen sind das Herzstück des Naturparks Texelgruppe und ein wahres Naturjuwel, weshalb sie auch als Naturdenkmäler ausgewiesen sind und unter Schutz stehen: Kasersee (2.117 Meter), Pfitschersee (2.126 Meter), Mückensee (2.330 Meter), Grünsee (2.338 Meter), Langsee (2.377 Meter), Schiefersee (2.501 Meter), Kesselsee (2.512 Meter), Schwarzsee (2.589 Meter) und die beiden Milchseen (2.540 Meter). Sie bilden die bedeutendste und größte hochalpine Seenplatte Europas. Zahlreiche schöne Wanderwege, unter anderem auch der Meraner Höhenweg, führen zu den Bergseen.

Spronser Seenrunde

Lange, anspruchsvolle Tour in die hochalpine Bergwelt der Texelgruppe. Der steile und etwas ausgesetzte Aufstieg zur Hochgangscharte (stellenweise gesichert) erfordert Trittsicherheit und Schwindelfreiheit; er ist bei Nässe nicht zu empfehlen, ebenso wie der steile Abstieg von der Taufenscharte.

Dauer ca. 6:15 h | Distanz: 12,6 km | Höhenmeter: 1150

Die Wanderung zu den Spronser Seen ist eine der lohnendsten Touren im Naturpark Texelgruppe. Die zehn Seen liegen stufenförmig übereinander, eingerahmt von rundgeschliffenen Felsbuckeln – eine faszinierende, urzeitlich anmutende Berglandschaft. Übernachtet man auf dem Hochganghaus oder auf der Oberkaseralm, bleibt mehr Muße, die weitgehend unberührte Natur auf sich wirken zu lassen.

▶ Von der Bergstation **01** erreicht man in wenigen Minuten die Leiteralm **02**. Dort folgt man dem Meraner Höhenweg nach links (Mark. 24). Er steigt nach Nordwesten an, vorbei am Abzweig zur Taufenscharte, dem Rückweg der Tour, und führt über die bewaldeten Südhänge der Texelgruppe zum Hochganghaus **03**. Bei der Hütte verlässt man den Meraner Höhenweg und steigt rechts über die Wiese zum Waldrand hinauf (Mark. 7). Der Steig zieht durch lichten Bergwald, später über freie Hänge und oberhalb eines Felssturzgebietes immer steiler bergauf. Man quert eine mit Geröll gefüllte Rinne und gewinnt in abschüssigem, mit Felsen durchsetztem Gelände weiter an Höhe. Einige Felsstufen und luftige Stellen sind gesichert. Auf der Hochgangscharte **04** entschädigt für den schweißtreibenden Aufstieg der Blick auf den tiefblauen, von Felsblöcken eingerahmten Langsee, den größten der Spronser Seen. Wer genügend Kondition hat und noch ein Gipfelerlebnis einbauen will, kann die 2625 m hohe Spronser Rötelspitz ersteigen. Dazu folgt man den Markierungen und Pfadspuren nach rechts und erreicht über Blockwerk und Geröll den Gipfel (45 Minuten).

Nun geht es gemütlicher nach links über das Blockgestein am Gratrücken und in einem großen Rechtsbogen oberhalb des Langsees über die welligen, mit Felsblöcken übersäten Wiesen. Bei einer Wegverzweigung könnte man links einen Abstecher zu den beiden Milchseen machen (20 Min.). Rechts gelangt man hinunter zum Ufer des Langsees **05** und an seiner Nordseite entlang weiter zum Grünsee **06** (Mark. 22). Man überquert seinen Abfluss und folgt rechts dem teils gepflasterten Weg über eine Geländestufe zur Oberkaseralm **07** hinunter. Kurz nach der bewirtschafteten Alm biegt man rechts über die Brücke ab und wandert am linken Ufer der Kaser und der Pfitscher Lacke entlang zum Pfitscher Schartl **08**. In kurzem Abstieg erreicht man einen großen Felsblock mit einer Abzweigung. Dort steigt man rechts über die steinigen Almböden zur Taufenscharte **09** hinauf. Jenseits geht es in vielen Kehren steil hinab, bis man auf den Meraner Höhenweg trifft und links zur Leiteralm **02** und zur Bergstation **01** des Lifts nach Vellau zurückkehrt.

Wilder PLACE **06**

7. Ins Pfossental
DEN WEISSEN BERGEN NAH

Was für ein urtümlicher Gebirgswinkel – herzerfrischend alpin und weit weg vom südlichen Flair des Meraner Landes.

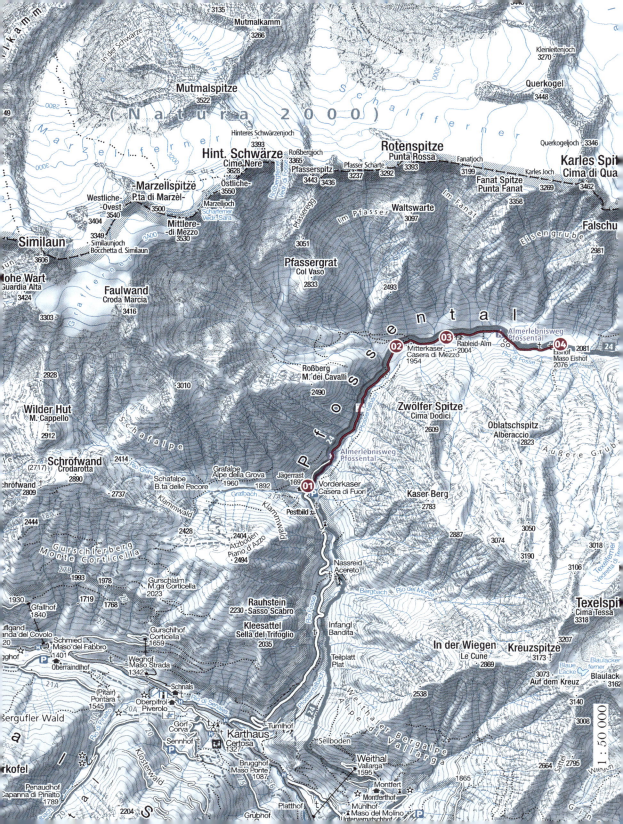

Urige Almen
MAJESTÄTISCHE BERGE

Das hochalpine Pfossental am Fuße der Ötztaler Alpen ist der größtmögliche Kontrast zum heiter-südländischen Flair um Meran. Grund genug für einen Besuch des Natur- und Kulturjuwels in einem Seitengraben des Schnalstals!

Neueste Erkenntnisse beweisen es: Schon in prähistorischer Zeit gab es Menschen im Pfossental. Am Similaungletscher, der den Anfangsteil des Pfossentales überragt, wurde die Mumie des „Mannes aus dem Eis", auch bekannt als „Ötzi", gefunden. Mit großer Wahrscheinlichkeit war er zu Lebzeiten auch im Pfossental unterwegs. Wir wandern also durch eine Landschaft, die der berühmteste Südtiroler schon vor 5.300 Jahren durchstreifte und dabei dieselben Gipfel und denselben Lärchen-Zirben-Wald im Talgrund sah wie wir heute!

Wilder PLACE 07

Ins Pfossental

Leichte Wanderung auf breiten, bequemen Almwegen in ein eindrucksvolles Gebirgstal.

Dauer ca. 3:10 h | Distanz: 9,4 km | Höhenmeter: 390

Einst waren im Pfossental, einem Seitental des Schnalstals, sechs Höfe das ganze Jahr über bewohnt. In ihrer abgeschiedenen Lage lebten die Familien als Selbstversorger. Lawinen waren im Winter eine ständige Bedrohung. Heute werden die ehemaligen Höfe Vorderkaser als Berggasthaus, Mitterkaser, Rableidhof und Eishof während der Sommermonate als Almen bewirtschaftet. Wer die Südtiroler Küche liebt, kommt im Pfossental auf seine Kosten. Jede Einkehr bietet selbst hergestellten Käse, Südtiroler Spezialitäten und manch gutes Glas Südtiroler Wein dazu. Wer überall kosten will, kann sich so entlang des Weges ein viergängiges Almmenü zusammenstellen. Doch nicht nur die Einkehr wird in Erinnerung bleiben. Das hintere Pfossental bietet eine beeindruckende Bergkulisse mit einigen der höchsten Gipfel des Naturparks Texelgruppe. Vor allem Kleine und Hohe Weiße mit den auffälligen hellen Marmorfelsen ziehen die Blicke auf sich.

▶ Vom Parkplatz geht man am schönen Hof und am Gasthaus Jägerrast **01** mit üppig blühenden Bauerngärten vorbei und folgt einem breiten Weg weiter ins Tal hinein. Er steigt neben dem rauschenden Pfossenbach durch Lärchenwald an. Nach 45 Minuten Anstieg weitet sich das Tal und schwenkt nach rechts. Nun öffnet sich der Blick in den Talschluss mit den hellen Felswänden der Kleinen und der Hohen Weißen. An den Stationen eines Almerlebnisweges erzählen Informationstafeln Wissenswertes über die Almwirtschaft, die Pflanzen- und die Tierwelt. Der Weg führt über Almböden zum Mitterkaser **02**, einem Holzhaus, dem seine lange Geschichte anzusehen ist. Die Holzbalken sind sonnenverbrannt, in der niedrigen Stube zieht man unwillkürlich den Kopf ein. Über Wiesen geht es zur nächsten Einkehr hinauf, der Rableidalm **03**, und am Hang oberhalb des Bachs weiter taleinwärts. Schließlich durchquert man ein Lärchenwäldchen und kommt zum flachen Talboden mit den Weiden des Eishofs **04** und zum Gasthof. Der Blick in den Talschluss, der von Dreitausender-Gipfeln eingerahmt wird, lohnt eine ausgiebige Rast. Der auf 2076 Metern gelegene Eishof war bis 1897 ganzjährig bewohnt und die höchstgelegene Dauersiedlung östlich der Schweizer Grenze. Der Weg führt noch ein Stück weiter sanft ansteigend in das Tal hinein – eine gute Möglichkeit, die fantastische Bergszenerie aus unterschiedlichen Blickwinkeln zu genießen. Der Rückweg erfolgt auf dem Anstiegsweg.

Nach dem Eishof steigt der Weg zum Eisjöchl mit der Stettiner Hütte an, dem höchsten Punkt des Meraner Höhenwegs, dessen Route auch durch das Pfossental verläuft (vom Eishof 3 Stunden).

Wilder PLACE **07**

8. Die Rötlspitze
DEN ORTLER IM BLICK

Eine traumhaft schöne Bergtour zum Treffpunkt dreier Kulturkreise – mit imposanten Ausblicken zum höchsten Berg des Landes.

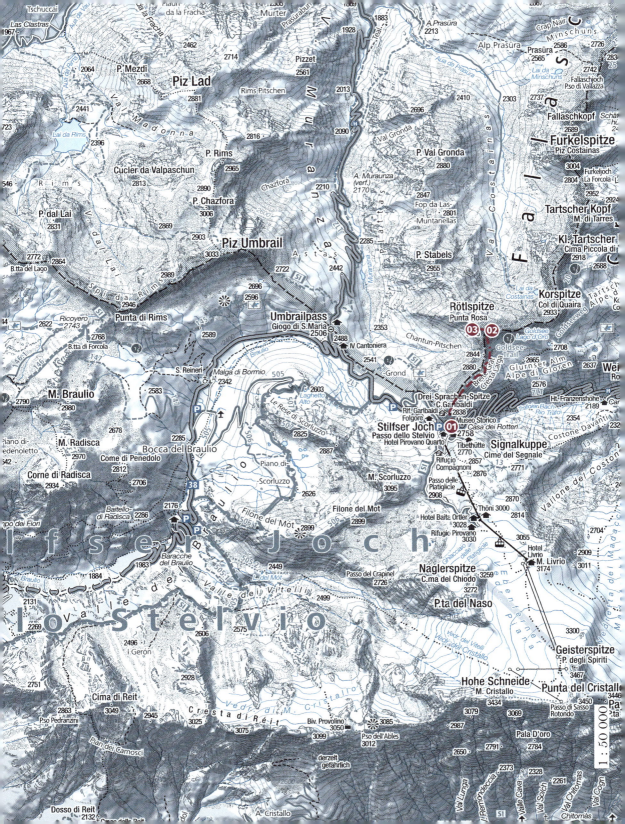

Ungläubiges
STAUNEN

Die Bergkulisse dieser Tour sucht ihresgleichen und lässt einen ehrfurchtsvoll staunen. Beinahe unwirklich wirken die eisbedeckten Riesen, zum Greifen nah und fast wie aus einer anderen Welt.

Woher der Name der Rötlspitze kommt, kann man sich wohl schon denken – es ist das rötliche Gestein, das dem Berg dazu verhalf. Und weil er genau an der Grenze zwischen dem Schweizer Kanton Graubünden und der italienischen Provinz Südtirol liegt, verweist natürlich auch die italienischsprachige Bezeichnung auf diese Gesteinsfärbung: „Punta Rosa" wird er im Süden genannt. Woher kommt dann die Bezeichnung „Piz Cotschen", die auch in der Schweiz verwendet wird? Ganz einfach – „coccinus" ist der lateinische Ausdruck für „scharlachrot". So herrlich aufschlussreich können Sprachen sein ...

Auf die Rötlspitze

Kurze, aber sehr lohnende Bergtour auf breiten Wegen und schmalen, stellenweise ausgesetzten Pfaden, die Trittsicherheit und Schwindelfreiheit erfordern. Bei Schneelage (steile Schneefelder!) gefährlich.

Dauer ca. 3:15 h | Distanz: 4,0 km | Höhenmeter: 450

Gegenüber den zerrissenen Gletscherströmen des Ortlers führt seit 1826 eine Straße über das 2758 Meter hoch gelegene Stilfser Joch. Sie verbindet Prad im Vinschgau mit Bormio im Veltlin (Lombardei). Nördlich des Passes erhebt sich der Schuttgipfel der Dreisprachenspitze. Mit dem Eintritt des Königreichs Italien in den Ersten Weltkrieg begann dort eine 600 Kilometer lange, erbittert umkämpfte Gebirgsfront; Schützengräben und Fundamente von Barackenlagern erinnern noch heute daran. Die Kluft, die den nördlich darüber aufragenden, 3026 Meter hohen Gipfel spaltet, ist dagegen durch die Erosion entstanden. Schuld daran ist das brüchige, aber farbenfrohe Gestein der Rötlspitze (rätoromanisch Piz Cotschen). Unterhalb davon verläuft der schon in grauer Urzeit begangene Wormisionssteig, der im Bereich des kleinen Goldsees atemberaubende Ausblicke zum Ortlermassiv verspricht.

◧ Knapp nordwestlich des Stilfser Jochs **01** (Richtung Bormio) führt rechts der breite, aber steile Weg Nr. 145 Richtung „Rifugio Garibaldi, Passo Umbrail" auf den Schuttkamm der Dreisprachenspitze (rätoromanisch Piz da las trais Linguas) mit seiner burgartigen Schutzhütte (2843 m). Dort erreichen wir die Staatsgrenze zur Schweiz; es tut sich ein prachtvoller Blick zum Ortler (3905 m) und seinen vergletscherten Nachbargipfeln auf. Von dort wandern wir rechts auf dem Weg Nr. 20 (Wegweiser „Goldsee, Rötlspitze") zur nächsten Gabelung, von der wir links Richtung „Sella da Piz Cotschen" über den auffallend hellfelsigen Breitkamm (Cresta Larga) ansteigen (alte Stellungsreste). Man kann ihn bald links auf einem schmalen Pfad oder rechts auf dem breiteren Wormisionssteig, einem uralten Handelspfad und somit Vorgänger der Passstraße, umgehen. Nach einem kurzen Abstieg erreichen wir einen Sattel (2843 m), in dem sich der Weg neuerlich teilt. Wir wählen den links abzweigenden Pfad Nr. 20 zur Rötlspitze, der durch die ziemlich steile und auch etwas ausgesetzte Felsflanke des Berges zum Seejoch **02** (Sella da Piz Cotschen, 2925 m) hinaufführt.

Von diesem Sattel steigt man links auf dem Schuttrücken bis zum Steinmännchen auf dem Vorgipfel der Rötlspitze/Piz Cotschen **03** (3020 m) an. Wer auch den nach Nordwesten vorgeschobenen, um 6 Meter höheren Hauptgipfel besuchen möchte, muss eine schmale Felsspalte vorsichtig in der Nordflanke umgehen.

Nach dem Abstieg zur Sella da Piz Cotschen **02** lohnt es sich, links (nach Osten) auf bzw. knapp neben dem markierten Kamm noch circa 500 Meter weiterzugehen. Vor der Korspitze kann man rechts weglos und auf Pfadspuren durch Geröll zum Goldsee absteigen. Oberhalb davon geht's rechts auf dem markierten Wormisionssteig (Goldseeweg) durch steile Hänge (oft Schneefelder!) wieder zur Dreisprachenspitze und zum Stilfser Joch **01** zurück.

Wilder
PLACE **08**

9. Marteller Hütte
KÖNIGLICHER LUGINSLAND

Von der Marteller Hütte schweift der Blick über den Eisseepass zur markanten Königsspitze – und das ist nicht der einzige imposante Anblick, der sich bietet.

15 Dreitausender
IN DER NACHBARSCHAFT

Feinschmecker lieben das Martelltal wegen seiner aromatischen Beeren. Gipfelgourmets schwärmen dagegen von seiner hohen Bergumrahmung – zur Konzenlacke bei der Marteller Hütte lugt sogar die Königsspitze herüber.

Das Martelltal, eingebettet im Nationalpark Stilfser Joch, ist eines der schönsten Seitentäler des Vinschgaus. Es erstreckt sich von 950 Metern bis zum Gletscher des Cevedale auf 3.769 Metern. Außerdem ist das Tal ein Zentrum der alternativen Landwirtschaft; so ist es etwa das höchstgelegene zusammenhängende Erdbeer-Anbaugebiet Europas und bietet auch für den Anbau weiterer Beerensorten und von Gemüse ideale klimatische Bedingungen.

Die extremen Lagen des Tals machen eine Bewirtschaftung jedoch seit jeher zur Herausforderung. Trotz der heutigen Zufahrtsmöglichkeiten ist die landwirtschaftliche Nutzung schwierig und es ist kaum vorstellbar, welche Arbeitsleistungen früher notwendig waren, um manche Höfe erschließen und bewirtschaften zu können.

Wir haben das Glück, dass wir bei unserer Wanderung nicht an die Arbeit denken müssen und einfach die grandiose Landschaft genießen können ...

Zur Marteller Hütte

Landschaftlich sehr beeindruckende Alm- und Hüttentour auf breiten Wegen und schmalen, teils steinig-felsigen Pfaden, die Trittsicherheit erfordern.

Dauer ca. 4:30 h | Distanz: 8,5 km | Höhenmeter: 680

Das Martelltal ist – abgesehen von seinem Stausee – weitgehend vor technischer Erschließung verschont geblieben. Der Erlebnisweg entlang der Plimaschlucht wurde gut in die Landschaft integriert und bildet den Abschluss der hier vorgestellten Rundtour. Ihren Höhepunkt bildet jedoch der Gletscherlehrpfad im Bereich der Marteller Hütte, auf dem man die Entwicklung des leider nicht mehr ewigen Eises eindrucksvoll nachvollziehen kann. Dazwischen lädt auch die Zufallhütte zu Rast und Einkehr und auch einen alten Hochwasserschutzbau gibt's zu bewundern.

▶ Vom Parkplatz Hintermartell **01** wandern wir zunächst auf einem breiten Weg durch Wald und über Almwiesen zur Zufallhütte **02** (2265 m) mit ihrer Herz-Jesu-Kapelle hinauf.

Von dort geht's auf dem weiterhin breiten Wanderweg Nr. 150 weiter taleinwärts bis zur alten, aus Steinen errichteten Schutzmauer **03** (der „Bau", 2350 m), die vor Hochwasser des Plimabachs schützt (Holzbänke). Wir gehen links über die Mauerkrone, bis rechts eine Treppe abwärts führt. Danach führt der Pfad zu einem großen Gesteinsblock, vor dem wir rechts abzweigen und auf dem Panoramaweg (Nr. 40) über eine Holzbrücke gehen. Nach der Überquerung des Talbodens wandern wir dann links in Kehren (Nr. 103) durch einen steilen Hang empor. Nach gut 2 Stunden haben wir die herrlich gelegene Marteller Hütte **04** (2610 m) erreicht. Das Bild wurde leicht oberhalb der Unteren Konzenlacke aufgenommen.

Für den Rückweg wählen wir den beschilderten und mit Infopunkten ausgestatteten Gletscherlehrpfad (Nr. 37), der zunächst durch das grobe Geröll unterhalb der Konzenspitze ansteigt. Man kann rechts in einer Schleife bis zur Gletscherzunge des Hohenferners am Fuß der Veneziaspitzen hinaufgehen (zusätzliche Gehzeit ca. 45 Minuten) – oder man bleibt links auf dem Weg, der seine beiden Moränenwälle quert; dazwischen führen Holzstege über die Gletscherbäche, die weiter unten einen großen Wasserfall bilden. Von der folgenden Abzweigung geht's links zu einem Minisee und dann in Kehren durch die 200 Meter hohe Steilstufe neben den Kaskaden hinab.

Unten bleibt die erste Gabelung unbeachtet; bei der zweiten Abzweigung in der Nähe der Steinmauer biegen wir jedoch rechts ab und wandern weiter auf dem Panoramaweg Nr. 40 mit der Beschilderung „Erlebnis Plimaschlucht" rechts abwärts. Von den nächsten Gabelungen geht's jeweils links, Richtung „Enzianhütte", bergab. Weiter unten könnte man auf einer Hängebrücke zur Zufallhütte hinübergehen – der Erlebnisweg bleibt jedoch auf der rechten Talseite, wo nun drei rostrote Stahlkonstruktionen (Kanzel, Panoramasichel, Kelle) zu einem Aussichtspunkt und in die Schlucht locken. Vor dem verfallenden Grand-Hotel Paradiso aus den 1930er Jahren geht's bei einem kleinen Gewässer nach links und über eine Brücke zum Parkplatz Hintermartell **01** zurück.

Wilder PLACE **09**

10. Das Schusterhüttl
ALMGEHEN & BAUMWANDELN

Einfach so dahinschlendern, zwischen alten Lärchen, die immer wieder den Blick auf einsame Berge freigeben ... Wer möchte das nicht? Im hinteren Ultental gibt's eine wirklich gute Gelegenheit dazu!

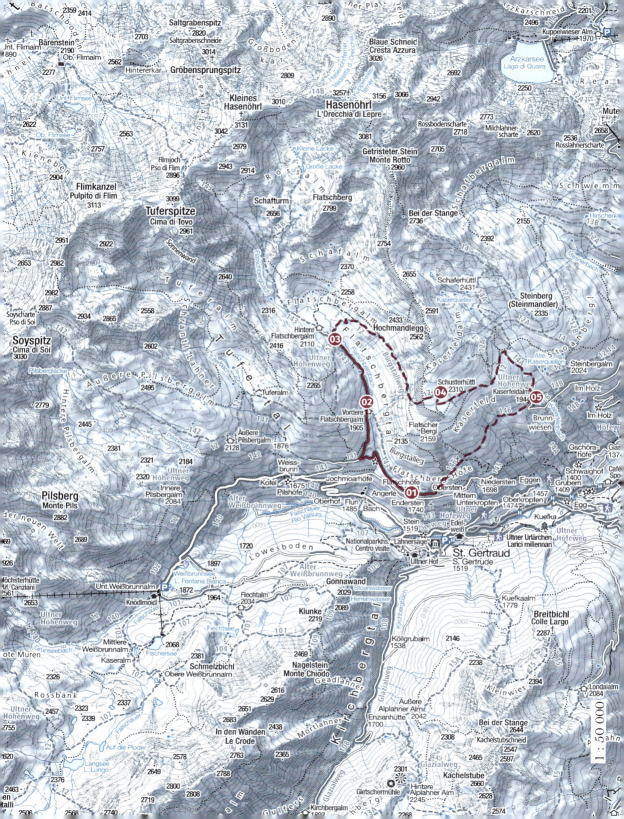

Durch das
FLATSCHBERGTAL

Durch das innere Ultental der Südtiroler Ortlergruppe mit fabelhaften Aussichten auf die umliegende Bergwelt.

Das Ultental in der Ortlergruppe ist eines der ursprünglichsten Täler Südtirols. Der Talschluss mit dem Dorf St. Gertraud gehört bereits zum Nationalpark Stilfser Joch, während sich das rund 40 Kilometer lange Ultental bis zur Gemeinde Lana erstreckt und dort in das Etschtal mündet. Fährt man nach St. Gertraud, verzweigt sich das Ultental: Links führt das Kirchbergtal in Richtung Süden, rechts geht es ins Flatschbergtal, das sich nur zu Fuß erkunden lässt und demzufolge genau die richtige Destination für passionierte Wanderer ist. Nach der Wanderung sollte man unbedingt den Ultner Urlärchen einen Besuch abstatten. Die drei Europäischen Lärchen bei St. Gertraud werden auf 850 Jahre geschätzt und sind wirklich imposant.

Das Schusterhüttl

Sonnige Almenrunde über dem inneren Ultental auf Wirtschaftswegen und unschwierigen Steigen.

Dauer ca. 3:30 h | Distanz: 10,1 km | Höhenmeter: 590

Das Schusterhüttl ist ein Aussichtsplatz vom Feinsten und wohl die kleinste Hütte der Region. In der winzigen Küche zaubert die Wirtin einfache Gerichte und schmackhafte Brotzeiten mit Speck und selbst gemachtem Käse, die auf der nicht viel größeren Terrasse mit Panoramablick besonders gut schmecken. Mit den Flatschbergalmen – im Juli und August ist die Hintere, zur restlichen Weidesaison die Vordere Flatschbergalm bewirtschaftet – und der Kaserfeldalm liegen weitere lohnende Rastplätze am Weg. Die Flatschberghöfe in der Nähe des Ausgangspunkts sind die höchstgelegenen Höfe des Ultentals. Wie Schwalbennester kleben sie an den steilen Hängen.

▶ Vom Parkplatz Flatschbergalm **01** folgt man der Schotterstraße ins Flatschbergtal (Mark. 143). Man überquert den Flatschbergbach, hält sich in einer Kehre rechts und wandert taleinwärts zur Vorderen Flatschbergalm **02**. Der Fahrweg führt weiter zur Hinteren Flatschbergalm. Man kann ihm bald auf einem Steig ent-

lang des Bachs ausweichen. Noch vor der Hinteren Flatschbergalm 03 zweigt man rechts ab, überschreitet den Bach und steigt über die westseitigen Hänge bergauf (Mark. 12). Der Steig quert schließlich durch Wacholder- und Alpenrosengebüsch flach talauswärts und leitet noch einmal ansteigend zu einem kleinen Sattel hinauf. Von der Anhöhe mit dem Steinmann hat man einen schönen Blick auf den Talschluss des Ultentals mit dem Weißbrunnsee und den Eggenspitzen. Wenige Minuten später kann man es sich auf der Terrasse des Schusterhüttls 04 gemütlich machen.

Der Abstieg führt von der Hütte kurz nach Süden zu einer Wegteilung hinunter. Geradeaus gelangt man auf direktem Weg über das Kuhhüttl zu den Flatschberghöfen (1 Std.). Zur Kaserfeldalm folgt man dem Steig nach links über die sonnigen, freien Almböden (Mark. 12), hält sich an der folgenden Wegteilung rechts bergab und geht in einem Rechtsbogen durch lichten Wald zur bewirtschafteten Kaserfeldalm 05 hinunter.

Dort biegt man rechts auf den oberen Weg Richtung St. Gertraud ab (Mark. 146). Er verläuft unterhalb der obersten Hütte vorbei, steigt noch einmal etwas an und quert die waldigen Hänge über dem hintersten Ultental. Schließlich fällt er zum obersten der Flatschberghöfe ab. Auf dem Sträßchen kehrt man zum Ausgangspunkt zurück.

11. Die Kofelrastseen
UND DER MUTTEGRUB

Stille herrscht in den östlichen Ausläufern der Ortlergruppe. Daran ändern auch die Wanderer nichts, die von den wunderbar erhaltenen Bergbauernhöfen hoch über dem Ultental heraufwandern, um Seenblicke wie diesen zu genießen.

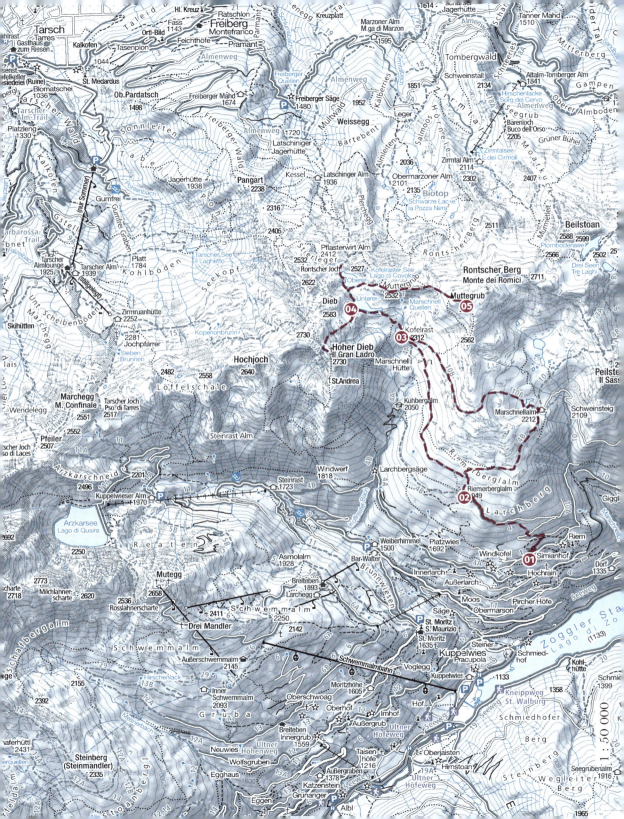

Seen-Sucht
ÜBER DEM ULTENTAL

Die Geschichten der Bergwinde, eine urige Alm und zwei eiskalte Bergseen – eine alpine Wanderung, die aber gut machbar ist, mit etlichen Highlights.

Das Pfeifen der Murmeltiere begleitet Wanderer auf dem Weg zu den Kofelraster Seen. Um sie mit bloßem Auge zwischen den Felsen ausmachen zu können, braucht es ein wenig Geduld. Die bringt man in dieser schönen Umgebung aber gerne auf: Einfach stillhalten und auf Bewegungen achten, dabei flüstert der Wind und die kühle saubere Luft, die durch die Lungen strömt, wirkt äußerst belebend. Das sind die Momente, für die man sich immer wieder ins Gebirge aufmacht ...

Vorbei an Steinmandln und grasenden Schafen erreicht man die zwei schönen Kofelraster Seen auf dem Grenzkamm zwischen Ulten und dem Vinschgau. So idyllisch es auch ist, auf 2.400 Metern Meereshöhe kann es ganz schön frisch sein, sodass man sich nach der Besteigung des Muttegrubs dann gern wieder in Richtung der Hütten und des Tals aufmacht.

Die Kofelrastseen

Angenehm begehbare Pfade, auch für Kinder geeignet. Aufstieg zum Muttegrub über einen Blockgrat, für trittsichere Wanderer aber unschwierig

Dauer ca. 5:45 h | Distanz: 17,8 km | Höhenmeter: 1036

Eine Wanderung, die viel zu bieten hat: Die kleine Riemerbergl Alm mit ihrem Schindeldach ist eine der urigsten Hütten im Ultental. Stundenlang könnte man dort einfach nur die Sonne, den Ausblick und dazu ein Glas Rotwein genießen. Die blauen Wasseraugen der Kofelrastseen, eingebettet in eine karge Felslandschaft, laden Unerschrockene ein, in den eisigen Fluten abzutauchen. Über den Seen offerieren zwei Gipfel großartige Panoramablicke. Gerne besucht wird der Hohe Dieb, während es auf dem Muttegrub weitgehend einsam bleibt.

▶ Vom kleinen Parkplatz unterhalb des Simianhofs **01** folgt man dem Sträßchen weiter und zweigt noch vor dem Hof links auf eine bergaufführende Schotterstraße ab (Mark. 4). Sie mündet in die Almzufahrt, die nun ein breiter Weg durch schönen Lärchenwald abkürzt.

Die letzten 10 Minuten zur sonnig gelegenen Riemerbergl Alm 02 legt man auf dem Fahrweg zurück. Der Steig zu den Kofelrastseen führt nordwärts über die Wiesen oberhalb der Alm (Mark. 4). Bei einer Verzweigung hält man sich links und wandert landschaftlich schön durch Lärchenbestände und über Almrosenwiesen in das Tal des Kofelraster Bachs. Der schmale Steig verläuft zuerst fast eben, steigt dann mäßig steil zur Kofelrasthütte 03 an, die Wanderer als Unterstand nützen können. Nach einem Anstieg von weiteren 15 Minuten erreicht man den ersten der beiden Kofelrastseen 04 und geht an seinem linken Ufer entlang, vorbei an einer Abzweigung zum Hohen Dieb (2730 m, zusätzlich 1 Std.), und weiter zum nördlich gelegenen zweiten See.

Dort beginnt rechts der Steig zum Muttegrub, der steil über Geröll bergauf führt. (Mark. 7). Man gelangt in eine Mulde, erklimmt den Kamm und folgt ihm über Blockgelände ohne große Steigung nach Osten. Zum Gipfel des Muttegrubs 05 geht es noch einmal bergauf, dann genießt man einen schönen Blick auf die Texelgruppe, die Ötztaler Alpen, die Ortlerberge und die Dolomiten. Abstieg auf dem Anstiegsweg.

Als Variante bietet sich der Weg Nr. 10b an, der bei der Kofelrasthütte 03 abzweigt, noch einmal gut 100 Höhenmeter ansteigt und anschließend zur bewirtschafteten Marschnell Alm (bewirtschaftet von Mitte Juni bis Mitte September) abfällt. Dort hält man sich rechts (Mark. 4b) und wandert Richtung Südosten etwas auf und ab zur Riemerbergl Alm 02 zurück (ab Kofelrasthütte 1¼ Stunden). Die Tour ist auch ohne Gipfelbesteigung lohnend. Spaziert man zum nördlich des oberen Sees gelegenen Rontscher Joch, genießt man einen schönen Blick über den Vinschgau.

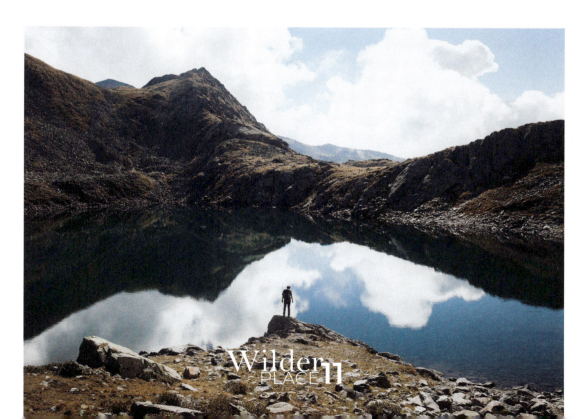

12. Ultner Talweg
VON HOF ZU HOF

Es muss nicht immer ganz oben sein – oft verbergen sich die Juwelen einer Landschaft auch ganz unten. So ist es auch im Ultental, wo mancherorts die Zeit ein wenig langsamer zu vergehen scheint.

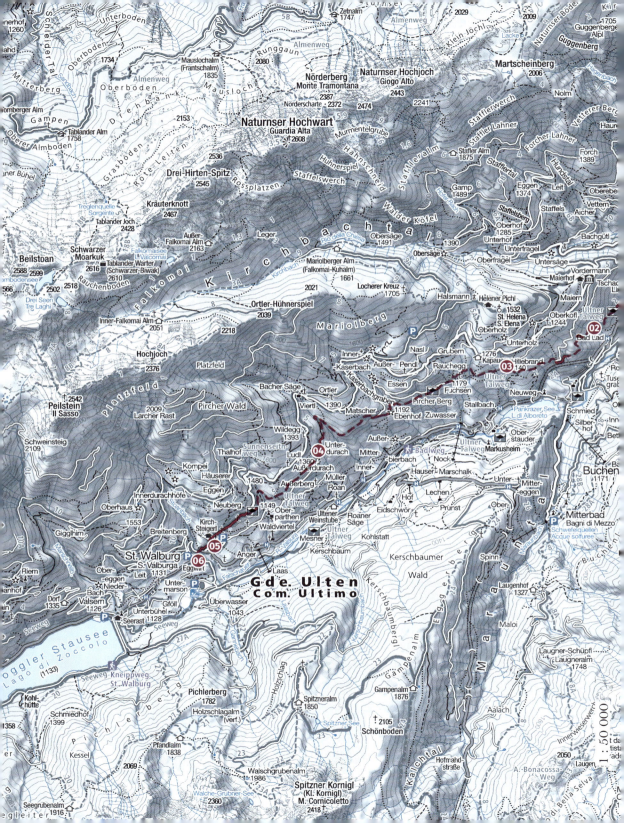

Urtümliche Landschaft
UND ALTE HÖFE

Urtümlich und naturnah sind passende Beschreibungen für diese Tour, in Kombination mit den alten Höfen gestaltet sich der Weg wirklich malerisch.

Der Ultner Talweg ist eigentlich ein 24 Kilomter langer Rundweg, der von St. Pankraz am Sonnenseiten-Hang bis nach St. Walburg in Ulten führt, um dann auf der Schattenseite zurück nach St. Pankraz zu verlaufen. Da der gesamte Rundweg mit einer veranschlagten Gehzeit von 8 Stunden doch sehr sportlich angelegt ist, beschränken wir uns auf den Hinweg, und zwar am Sonnenhang des Ultentals.

Dabei entgeht einem zwar das Häuserl am Stoan bei St. Pankraz, dem kann man aber auch am Ende der Tour noch einen Besuch abstatten. Das beliebte Fotomotiv stand ursprünglich auf grünen Wiesen am Ufer der Falschlauer. 1882 riss ein Hochwasser den kompletten Erdboden mit sich. Nur das Häuserl am Stoan blieb stehen; es wurde auf einem großen Steinblock, der unter der Erde lag, errichtet.

Der Name „Ultner Talweg" ist übrigens ein wenig irreführend. Zwar liegt die Talsohle wesentlich näher als die Kammlinie der Berge, doch bewegt man sich praktisch die ganze Zeit am Hang durch die typische Landschaft des Ultentals. So geht es durch Wald und immer wieder öffnen sich Ausblicke ins Tal hinab sowie zum Beispiel auf die Laugenspitze.

Der Ultner Talweg

Waldwege und -steige sowie Wirtschaftswege ohne besondere Schwierigkeiten, einige kurze steilere Anstiege.

Dauer ca. 3:40 h | Distanz: 10,1 km | Höhenmeter: Auf 620/Ab 220

Der Ultner Talweg lädt zu einer Erkundungstour durch das vordere Ultental ein. Zwischen den beiden Ortschaften St. Pankraz und St. Walburg führt er durch schönen Bergwald, vorbei an alten Höfen in abgeschiedener Lage und durch urwüchsige bewaldete Bachgräben. Mancher Wegabschnitt war für die Bauersfamilien früher der Schul- und Kirchweg hinunter ins Tal. Besonders schön ist die Wanderung im Frühjahr, wenn in den höheren Regionen der Winter noch sein Regiment führt, oder im Herbst mit dem Farbenspiel der Laubbäume und Lärchen.

▶ Bereits beim Parkplatz unterhalb von St. Pankraz **01** zeigt der Wegweiser „Ultner Talweg" die Richtung an. Man folgt ihm unter der Ultner Talstraße hindurch und zur Kirche im Ortskern hinauf. Dort hält man sich links der Kirche Richtung „Hotel Pankraz", biegt kurz darauf links ab und geht am Rathaus vorbei aus dem Ort. Beim letzten Haus beginnt ein Fußweg. Man folgt ihm bei einer Verzweigung rechts bergauf, kreuzt die Straße nach St. Helena und kommt zum alten Linter-Hof mit großer Scheune. Beim benachbarten Tschahaun-Hof setzt sich der Fußweg fort und verläuft am Hang entlang durch lichten Wald. Sobald er sich verzweigt wandert man rechts bergauf und gelangt zur Quelle Bad Lad **02**, bei der erfrischend kühles und mineralhaltiges Wasser sprudelt. Früher wurde es für Bäder bei Beschwerden wie Rheumatismus verwendet. Der Weg steigt in Kehren steiler an und passiert dabei die Quellfassung. Nach dem Unterkofl-Hof zweigt in einer Kehre der Zufahrtsstraße ein breiter Waldweg ab. In schönem Mischwald gewinnt man an Höhe und kommt zu den Hillebrand-Höfen **03**, die ziemlich abgelegen am Hang thronen. Man lässt sie rechter Hand liegen und quert die Waldhänge weiter taleinwärts. Die eingezäunte Wiese einer Lama- und Alpakazucht wird am oberen Rand umgangen.

Anschließend kreuzt der Wanderweg die Hofzufahrt und führt in einer weiteren halben Stunde zum Ebenhof. Die Hänge des Ultentals werden immer wieder von Bachgräben durchzogen, die der Ultner Talweg mit kurzen steilen Ab- und Anstiegen durchquert. Nach dem Ebenhof

geht es etwas auf und ab und erneut durch einen bewaldeten Einschnitt. Dort ist der höchste Punkt der Wanderung erreicht. Kurz darauf gelangt man zum schön gelegenen Unterdurach-Hof **04** mit Ausblick zum Großen Laugen. Man geht zwischen den Hofgebäuden hindurch, kommt dabei am alten hölzernen Bauernhaus mit reichem Blumenschmuck vorbei und zweigt wenig später von der Höfestraße rechts ab. Ohne großen Höhenunterschied verläuft der Ultner Talweg entlang von Wiesen und durch Wald weiterhin in das Tal hinein.

Nach dem Oberberg-Hof mündet er in eine schmale Bergstraße, die zur Kirche von St. Walburg **05** hinunterführt. Man bleibt auf der Straße, bis unterhalb der Kirche rechts ein breiter Weg ins Dorf hinunterleitet. Beim Café Wildbach trifft man auf die Ultner Talstraße und folgt ihr rechts über die Brücke und ins Dorfzentrum mit dem traditionsreichen Gasthaus Eggwirt. Gleich nebenan befinden sich das Tourismusbüro und die Bushaltestelle **06** für die Rückkehr nach St. Pankraz oder nach Meran. Mit ein wenig Zeit sollte man sich in St. Pankraz unbedingt das Häuserl am Stoan anschauen.

Wilder PLACE **12**

13. Auf den Laugen
FEIERABEND AM FEUERBERG

In der Ruhe liegt die Kraft: Ruhe vermittelt die Hütte am Laugen ebenso wie der Porphyr, aus dem dieser Berg zwischen Meran und dem Nonsberg besteht. Er geht zurück auf einen 250 Millionen Jahre alten Vulkan.

Unterwegs
AN DER SPRACHGRENZE

An der Sprachgrenze zwischen Südtirol und dem Trentino hat sich über die Jahrhunderte ein Schmelztiegel der Kulturen, Sprachen und Gegensätze gebildet: sehr reizvoll zu erkunden!

Der Laugen ragt hoch über dem Etschtal auf und ist weithin sichtbar, er stellt die Verbindung zwischen dem Ultental und dem Deutschnonsberg her. Der Große Laugen (auch Große Laugenspitze oder Monte Lucco genannt) im Ortlergebirge zwischen Meran und Bozen ist mit seinen 2.434 Metern Seehöhe um 137 Meter höher als der Kleine Laugen und ein toller Aussichtsgipfel. Die Mühen des Aufstiegs werden dann auch mit einer grandiosen Rundumsicht belohnt: Im Westen die Ortler-Gruppe, im Norden die Texelgruppe mit dem Alpenhauptkamm dahinter. Besonders schön sind auch der Blick zu den Dolomiten und zur Brentagruppe sowie der Tiefblick auf St. Pankraz im Ultental.

Wer mit der hier vorgestellten Tour noch nicht genug hat, kann auch noch einen Abstecher zum Laugensee machen. Der kleine See liegt wunderschön eingebettet in einer weiten Mulde unterhalb der Laugenspitze eingebettet.

Auf den Laugen

Gipfeltour auf gut begehbaren Steigen. Steilerer Anstieg zum Gratrücken hinauf, auf dem Grat gute Trittsicherheit erforderlich.

Dauer ca. 5:15 h | Distanz: 12,1 km | Höhenmeter: 740

Erst seit 1999 sind die beiden abgeschiedenen Deutschnonsberger Gemeinden Proveis und Laurein auf einer Straße aus dem Ultental erreichbar und damit an die Provinz Bozen angebunden. Den Wanderern erschließen sich dadurch zusätzliche Ausgangspunkte für Touren in diesem stillen Teil des Deutschnonsbergs. So kann der weithin sichtbare Doppelgipfel des Kleinen und Großen Laugen, der meist vom Gampenpass aus bestiegen wird, über seine ruhige Westseite angegangen werden. Er bietet einen der schönsten Panoramablicke der Region, weshalb man für die Tour einen klaren Tag auswählen sollte.

▶ Vom Parkplatz **01** beim Hofmahdjoch folgt man einem steinigen Weg rechts vom Tunneleingang kurz steil bergauf und wandert geradeaus über einen licht bewaldeten Hang zu flachen Wiesen hinauf. Dort biegt man rechts in den Weg Nr. 133, den Sentiero A. Bonacossa, ein und gelangt zu einem Fahrweg und weiter zur Aleralm **02** (geöffnet Juni bis September). Hinter der Alm steigt man nordostwärts durch lichten Lärchenwald bergauf und überwindet eine steile Geländestufe (Mark. 133). Der Steig verläuft nun oberhalb eines weiten Almkessels mit der Hütte der Malga Pradont am Hang entlang und erreicht einen breiten Bergrücken, wo ein Anstieg aus dem Ultental heraufkommt. Bei der folgenden Wegteilung **03** geht man links zum Fuß des Gipfelaufschwungs und steiler über

Schotter zum Südwestgrat hinauf (Mark. 8a). Über ihn gelangt man links zum Gipfel des Großen Laugen **04**.

Anschließend kehrt man zur Abzweigung am Grat zurück, folgt nun aber geradeaus dem grasigen und zum Teil felsigen Kamm weiter nach Süden (Mark. 10a). Nach etwa 45 Minuten. zweigt man bei einer gut sichtbaren Markierung an einem Felsblock nach rechts ab und steigt weiteren Markierungen folgend weglos über die Wiesen hinunter, bis man wieder auf den Sentiero Bonacossa trifft (Mark. 133). Auf ihm quert man nach rechts die Hänge unter dem lang gezogenen Rücken des Laugen und stößt auf die Anstiegsroute, der man zurück zum Ausgangspunkt **01** folgt. Ungefähr auf der halben Querung befindet sich das Biwak Bait dal Batista.

Variante: Ein beliebter Anstieg zum Großen Laugen beginnt am Gampenjoch. Gegenüber des Gasthauses Gampenpass führt der Steig Nr. 133 zum Laugensee, dort links zum Ostgrat und über ihn steil zum Gipfel (2 ½ Std.). Eine Abstiegsvariante folgt der Markierung Nr. 10a über den Grat nach Süden und über die Laugenalm zurück zum Gampenjoch.

14. Die Stoanernen Mandln

HEXENHÖHEN

Die Legende erzählt von Teufelsfeiern und Hexentänzen, die bei den über hundert aufgetürmten Steinfiguren im Mittelalter stattgefunden haben sollen.

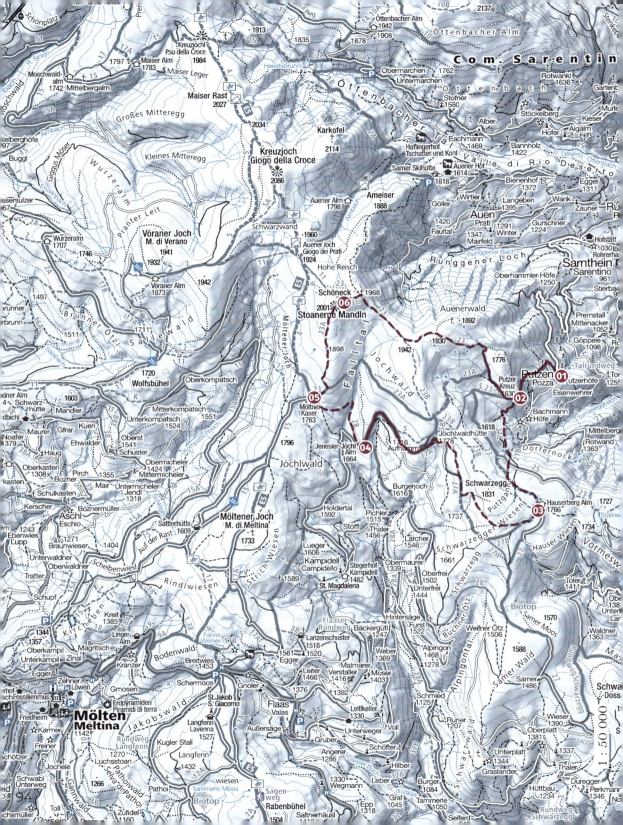

Aufstieg vom
SARNTAL

Im April lohnt sich vom Möltner Kaser aus der zusätzliche Weg in Richtung des Möltener Jochs, wo man eine wunderschöne Krokuswiese bewundern kann.

Warum die Stoanmandln ursprünglich wirklich errichtet wurden, liegt im Dunkel der Geschichte verborgen. Waren sie einst Wegweiser? Oder wurden sie zum Zeitvertreib aufgeschlichtet? Felsblockgravuren und Feuersteingeräte lassen jedenfalls auf ein Treiben in der Steinzeit und im Mittelalter schließen.

Die sagenumwobene Bergkuppe, die „Hohe Reisch", auf der die seit Jahrhunderten bezeugten Steintürmchen stehen, ist heute jedenfalls gut aus dem Sarntal erreichbar. Dort hat um das Jahr 1500 Barbara Pächlerin, genannt Pachler-Zottl, gelebt, bevor sie wegen angeblicher Zaubereien und Hexereien oben bei den Stoanernen Mandln gefoltert und zum Tod auf dem Scheiterhaufen verurteilt wurde.

Wilder PLACE 14

Die Stoanernen Mandln

Abwechslungsreiche Rundtour, Forststraßen, unschwierige Bergwege.

Dauer ca. 5:15 h | Distanz: 14,2 km | Höhenmeter: 680

▶ Von den Putzerhöfen **01** (1460 m) gehen wir 100 m auf dem Zufahrtssträßchen zurück und links auf einen im Wald ansteigenden Weg zur Kirche und Gasthaus Putzer Kreuz **02** (1630 m, Mark. 5). Oberhalb des Wirtshauses weist das Schild „Jenesier Jöchl, Hauserberg" nach links. Über Lärchenwiesen gelangt man zu einer Wegverzweigung und hält sich geradeaus Richtung „Hauserberg". Flach am Waldhang entlang, bei einer Verzweigung rechts und nach 20 Metern erneut rechts auf einem steinigen Weg steiler bergauf zu einer Forststraße. Man folgt ihr nach links, bis ein Fußweg zur Hauserbergalm **03** (1767 m) abzweigt. Vor der urigen Holzhütte kann man es sich mit Blick auf Rosengarten und Latemar richtig schmecken lassen.

Für den Weiterweg nimmt man den linken der beiden Pfade, die jenseits der Almzufahrt über die Wiesen führen (Schild „Jenesier Jöchl"), und beachtet den Anstieg zu den Stoanernen Mandln zunächst nicht. Bei einem Stadel

orientiert man sich weiterhin am Wegweiser „Jenesier Jöchl" und wandert halb rechts bergauf auf ein Weidegatter zu, durch das man auf eine Wiese mit einer kleinen Hütte tritt. Nach einem weiteren Gatter folgt man der Markierung an einem Baum nach rechts und trifft auf einen Karrenweg. In beschaulicher Wanderung geht es über schönes Almgelände, dann halb rechts auf einen ansteigenden Waldweg. Ein romantischer Steig leitet schließlich durch Heidelbeer- und Wacholdergebüsch zum Fahrweg, der rechts zur aussichtsreich gelegenen Jenesier Jöchl-Alm **04** (1664 m) führt.

Oberhalb der Almhütte folgt man einem Steig mäßig steil hinauf zur Möltner Kaser **05** (1763 m), einem weiteren Panoramaplatz. Hinter dem Almgebäude bei einem großen Wegweiser beginnt der Anstieg zu den Stoanernen Mandln, der zuerst durch lichten Wald hinaufzieht, dann über eine grasige Hochfläche sanft zum Bergrücken der Hohen Reisch ansteigt. Vom Wetterkreuz bei den Stoanernen Mandln **06** (2001 m) steigt man östlich einige Meter hinab, bis ein Wegweiser nach rechts Richtung „Putzerkreuz" zeigt. Man durchwandert ein moosiges Tälchen, geht links durch ein Gatter und über die Hänge eines Taleinschnitts.

Schließlich folgt man dem Steig südöstlich über die wunderschönen, mit Lärchen bestandenen Putzerwiesen hinunter, bis man bei einem Holzstadel rechts auf einen Fahrweg gelangt und auf diesem den Abstieg fortsetzt. Kurz vor dem Putzer Kreuz **02** trifft man auf den Anstiegsweg und kehrt auf ihm zum Ausgangspunkt **01** zurück.

Wilder PLACE 14

5. Die Erdpyramiden
VON PLATTEN

Zerklüftet und zerbrechlich stehen die Erdpyramiden da, eine Momentaufnahme der Natur.

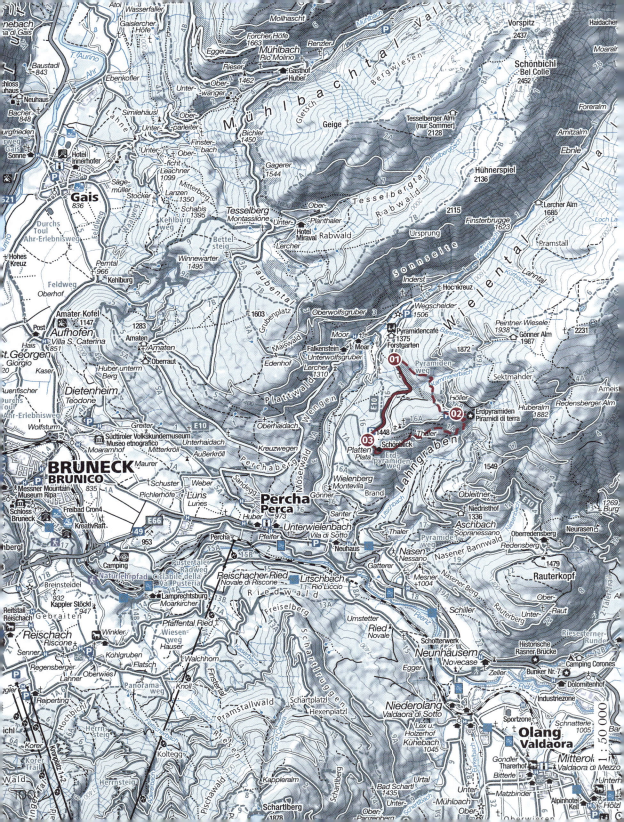

Fragile
FORMENVIELFALT

Carl Meusburger (1870–1940), Priester und Lehrer am Gymnasium von Brixen, beschrieb die Erdpyramiden von Platten als Erster und voll Begeisterung; ob ihrer reichen Gliederung verglich er sie sogar „mit einem Gewölbepfeiler eines großen gotischen Domes".

Die aus leicht erodierbarem Gestein geformten Erdpyramiden, auch „Erdpfeiler" genannt, findet man in Österreich, Bulgarien, Frankreich, Norwegen, Serbien, der Türkei und der Schweiz, vor allem aber in Italien.

Jene bei Platten an der Grenze zum Naturpark Rieserferner-Ahrn sind eine außergewöhnliche Naturerscheinung, staunend steht man davor und kann je nach Lichteinfall den schnellen Farbwechsel bewundern. Gelblich in der prallen Sonne, gräulich-fahl, wenn sich Wolken am Himmel sammeln. Im Laufe der Jahre haben sie sich zu einer echten Sehenswürdigkeit im Pustertal gemausert: Die architektonische Meisterleistung der Natur wurde geformt durch Erdrutsche, Wasser, Schneeschmelze und Erosion – alles Zutaten, die im Laufe von Jahrhunderten kunstvolle Erdpyramiden ergeben. Die lehmhaltigen Säulengebilde ragen mit einem Stein besetzt in die Höhe und hinterlassen eine bleibende Faszination – vielleicht auch, weil einem bewusst ist, dass sie nicht von Dauer sein werden.

Die Erdpyramiden

Nur wenig anstrengende Runde. Zustieg über einen schönen Waldweg, Abstieg in den Graben des Litschbachs sehr steil (bei Nässe heikel), Rückweg ab Platten auf Asphalt.

Dauer ca. 2:00 h | Distanz: 5,0 km | Höhenmeter: 270

Die Erdpyramiden am Ritten oberhalb von Bozen mögen berühmter sein als ihre Gegenstücke im Pustertal – reizvoll ist der Abstecher in den Graben des Litschbachs, in dem die Erosionstürme stehen, aber allemal. Er vermittelt einen Blick zurück in die Eiszeit, als der mächtige Rienzgletscher im Pustertal Moränenschutt ablagerte. Die bizarren, recht kurzlebigen Gebilde entstehen durch Auswaschung; wo die durch einen Stein verhindert wird, bilden sich Erdpyramiden aus. Nicht so groß wie jene am Nil, dafür aber eindeutig schlanker.

▶ Direkt gegenüber vom Parkplatz **01** (1435 m) weist ein Holzschild zum Pyramidenweg. Er steigt, teilweise mit Stufen versehen, im Wald an, kreuzt dann den Kammerer Bach und mündet schließlich beim Höllerhof in die asphaltierte Zufahrt. Gleich jenseits der Straße vermittelt ein originell gestalteter Durchlass den Zugang zu den Erdpyramiden **02** (1557 m) im Graben des Litschbachs. Im Zickzack steigt der Pfad am

Rand des Abbruchs ab; Aussichtsplattformen bieten besonders spektakuläre Blicke auf die bizarren Figuren: art natur!

Vom untersten Aussichtspunkt steigt der Pyramidenweg noch ein Stück weit ab zu einem quer verlaufenden schmalen Pfad. Auf ihm rechts aus dem Lahngraben hinaus und steil bergan zu einem Fahrweg.

Er leitet flach hinaus zum Thalerhof (1408 m), dann als Asphaltstraße weiter zum Gasthof Schönblick **03** (1413 m), der seinem Namen alle Ehre macht. Von dem Logenplatz überschaut man Teile des Pustertals und den weiten Brunecker Talkessel, darüber zeigen sich Gipfel der Pragser Dolomiten und Südtirols berühmtester Skiberg, der Kronplatz. Wenn das nicht zur Einkehr verführt …

Abschließend spaziert man auf der kaum von Autos befahrenen Straße zurück zum Parkplatz **01**.

Wilder PLACE 15

16. Toblinger Knoten
SPUREN DES KRIEGES

Einer Felsenburg ähnlich ragt der Toblinger Knoten nordwestlich der Drei-Zinnen-Hütte in den blauen Himmel, gerade 200 Meter hoch, aber völlig freistehend – ein idealer Ausguck.

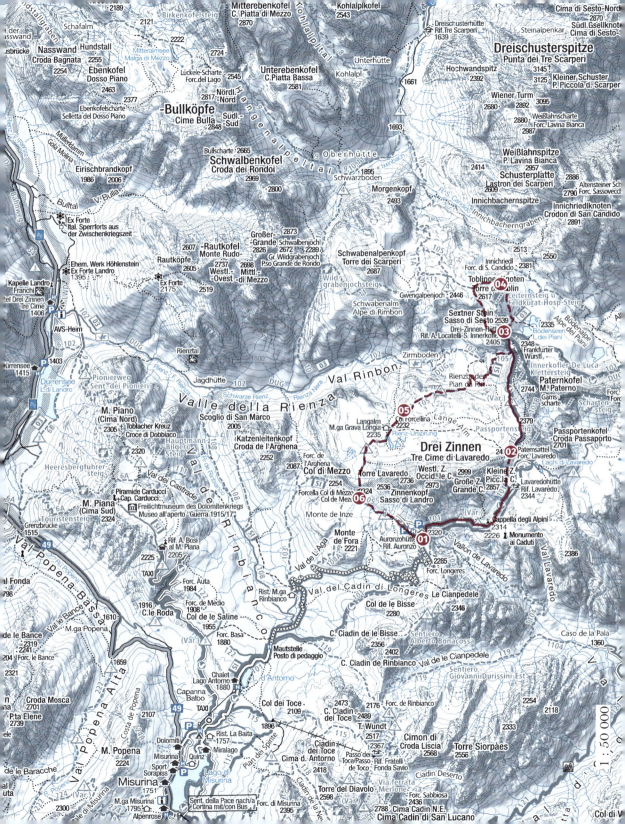

Da waren's
NUR NOCH DREI

Die Drei Zinnen sind das ultimative Sinnbild der Dolomiten, kein Wunder, dass die beeindruckenden Felstürme überaus gerne besucht werden.

Der 2.617 Meter hohe Toblinger Knoten bietet den optimalen Ausblick auf die Berühmtheiten: Neben der Kleinen, der Großen und der Westlichen Zinne gibt es noch die Punta di Frida, den Preußturm, den Zinnenkopf und sogar eine „Kleinste Zinne". Berühmt wurde das Sinnbild der Sextner Dolomiten jedoch als Dreigestirn.

Doch nicht nur die spektakulären Felsformationen machen die Region so interessant, auch der an allen Ecken und Enden sichtbare historische Kontext trägt zum Reiz dieses Gebiets bei.

Auf den Toblinger Knoten

Rekonstruierte Kriegssteige; Aufstieg über 17 Leitern, teilweise sehr ausgesetzt. Nur mit Klettersteig-Ausrüstung und Helm! Wanderer können den Toblinger Knoten auf guten Wegen umrunden – ebenfalls lohnend.

Dauer ca. 4:30 h | Distanz: 11,2 km | Höhenmeter: 580

Die Umrundung der Drei Zinnen zählt zu den schönsten Touren, die man in den Dolomiten unternehmen kann. Wesentlich ruhiger gestaltet sich hingegen ein Besuch des Toblinger Knotens, einer nordwestlich über der Drei-Zinnen-Hütte in den Himmel ragenden, völlig freistehenden Felsenburg. Sie ist der ideale Ausguck im Angesicht der „Großen Drei" und ihrer hochalpinen Umgebung. Das entging im Ersten Weltkrieg auch den Militärs nicht, und so wurde der frontnahe „Knoten" mit abenteuerlichen Sicherungen erschlossen und als Kriegsstellung befestigt. Durch seine nordseitigen Kamine verlief ein kühn angelegter Leiternsteig, von dem einige Überbleibsel noch zu sehen sind. Ende der 1970er Jahre rekonstruierten die „Dolomitenfreunde" diese Route, wobei das morsche Holz durch solide Eisenleitern ersetzt wurde. In Verbindung mit dem ebenfalls gesicherten „Feldkurat-Hosp-Steig" ergibt sich so eine spannende Überschreitung des Felszackens. Und oben bestätigt sich wieder einmal die alte Bergsteigerweisheit, dass kleine Berge oft eine ganz besonders schöne Aussicht vermitteln.

▶ Vom Großparkplatz beim Rifugio Auronzo 01 führt ein ehemaliges Kriegssträßchen

unter den Südwänden der Drei Zinnen – vorbei an der Cappella degli Alpini – zum Rifugio Lavaredo (2344 m). Hier links und auf einem rauen Geröllpfad hinauf zum Paternsattel 02 (2454 m), wo man einen Blick in die Nordwände der Drei Zinnen genießt. Das Bild begleitet uns bis hinüber zur Drei-Zinnen-Hütte 03 (2405 m) am Toblinger Riedl.

Nun auf markiertem Weg links um den Sextner Stein (2539 m) herum und ansteigend zu einem Wiesenrücken (2457 m) westlich unter dem Toblinger Knoten. Eine Wegspur führt unter dem Felsfuß nach links (rechts ausgeräumte ehemalige Stellungen), dann um ein Eck herum auf ein Horizontalband (2530 m). Die steile Einstiegswand ist nur mit einem Drahtseil gesichert, der Fels liefert aber gute Tritte und Griffe. Die Sicherungen leiten links in den tiefen, senkrechten Nordkamin, wo die spektakuläre Leiternserie startet. Stufe um Stufe steigt man höher, wobei man sich zwei-, dreimal ordentlich verrenken muss, um die nächste Sprossenfolge zu erreichen. Unter der Scharte zwischen den beiden Gipfelkuppen leiten Drahtseile links hinaus zur zweiten, kürzeren Leiternserie, der man auf dem Toblinger Knoten 04 (2617 m) entsteigt.

Abstieg: Drahtseile sichern den ostseitigen Abstieg, der in gestuftem Felsgelände verläuft. Dabei kommt man an der (rekonstruierten) „Adler-Feldwache", einer exponierten Stellung, vorbei. Der „Feldkurat-Hosp-Steig" mündet schließlich auf einen Schrofenhang; auf einem schmalen Pfad wandert man hinunter zur Drei-Zinnen-Hütte 03 (2405 m).

Von dem stattlichen Haus am Toblinger Riedl führt der Weiterweg über ein paar Schleifen hinunter zum Rienzboden, dann vor den Nordwänden der Drei Zinnen mit einem längeren Gegenanstieg quer über die steinige Lange Alm. Weiter geht es vorbei an den Tümpeln beim Col Forcellina (2232 m) und der Langalm 05 (2283 m). An dem Grasrücken wenig oberhalb bietet sich ein letzter großartiger Blick auf das steinerne Monument (besonders am Abend).

Zuletzt geht's auf ausgetretener Geröllspur hinüber zur Forcella Col di Mezzo 06 (2324 m) und mit Aussicht auf Cadini, Sorapìs und Cristallo zurück zum Rifugio Auronzo 01 am Endpunkt der „Drei-Zinnen-Straße".

17. Pederü & Limojoch
SEENZAUBER, FARBENPRACHT

Das Fanesgebiet wirkt wie der Prototyp einer idyllischen Berglandschaft, wild und lieblich zugleich ist es ein bedeutendes Stück der ladinischen Kulturregion.

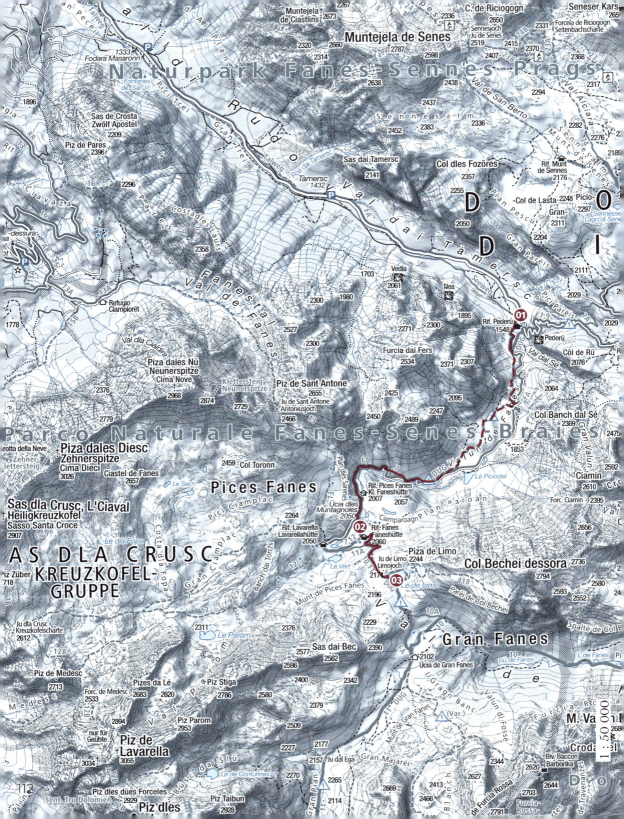

Fabelhafte
FANESALM

„In einer fernen Vergangenheit, an die sich keine Menschenseele mehr erinnert, war das Reich der Fanes in den Dolomiten die Bühne einer Fabel", – das erfährt man im Ladinischen Kulturinstitut „Micurà de Rü". Wer hinaufgeht, ist sich nicht mehr sicher, ob alles nur eine Fabel ist ...

Vom Tamerstal geht es hoch zur Fanesalm, umgeben von märchenhaften Landschaftszügen im Naturpark Fanes-Sennes-Prags. Fanes, eine Art mystisches Auenland auf rund 2.000 Metern Meereshöhe, hat schon vor Jahrtausenden die Menschen in seinen Bann gezogen und zu Geschichten inspiriert, die sich hier in grauer Vorzeit ereignet haben sollen und uns als Dolomitensagen erhalten geblieben sind. Kein Wunder, die Landschaft ist wirklich atemberaubend schön. Am Limosee beim gleichnamigen Joch bietet sich ein unvergleichlicher Ausblick bis zu den Furcia Rossa Spitzen und die Hütten auf der Fanesalm wirken wir aus einem Bilderbuch.

In der Erklärung des UNESCO-Welterbe-Komitees heißt es: „Die neun Teilgebiete des Welterbes Dolomiten bilden eine Serie einzigartiger Gebirgslandschaften von außergewöhnlicher Schönheit." Wenn das mal nicht auf den Punkt gebracht ist!

Von Pederü zum Limojoch

Wenig anspruchsvolle, landschaftlich aber sehr reizvolle Hütten- und Passwanderung.

Dauer ca. 3:45 h | Distanz: 13,0 km | Höhenmeter: 650

Es soll unter den Bergsteigern ja viele Romantiker geben – auch heimliche. Sie dürften sich vom Fanesgebiet ganz besonders angezogen fühlen, ist die Wanderung hinauf in die sagenumwobene Almregion doch ein Kaleidoskop der vielfältigsten Formen und Farben. Da ragen graue, zersplitterte Grate in den blauen Himmel, ziehen mächtige Schuttströme aus steilen

Bergflanken herab, sprudelt das Wasser des Vigilbachs zwischen Felsblöcken und Graspolstern, krallen sich knorrige Zirben an den meist steinigen Untergrund. Aus dem rauen, U-förmigen Rautal wandert man hinauf zu dem weiten Almgelände von Kleinfanes, wo einst die „Marmottes" regierten. Demokratisch natürlich, und wer das nicht glaubt, der kann sich ihr Forum gleich über dem Grünsee anschauen: Das „Parlament der Murmeltiere". Urkundlich wurde die Fanesalm vor mehr als tausend Jahren erstmals als „petra Uanna" erwähnt; mehrere Funde am Ciastel de Fanes, 2657 m, beweisen, dass die Gegend bereits in vorgeschichtlicher Zeit besiedelt war – reichlich Stoff für diverse Sagen und Legenden.

▶ Der markierte Anstieg vom Rifugio Pederü 01 zur Kleinen Fanesalm verläuft teilweise abseits der Limojochstraße. Während die ehemalige Militärstraße in vielen Serpentinen an der östlichen Talflanke an Höhe gewinnt, verläuft der Wanderweg rechts des Vigilbachs, der knapp oberhalb von Pederü am Fuß eines wilden Gerölltrichters zutage tritt. Eine Talstufe höher bildet er den seichten Piciodelsee (Lé Piciodel, 1819 m). Dahinter, teilweise entlang der Straße, geht es über eine licht bewaldete Geländestufe in den untersten Boden der Kleinen Fanesalm, wo am Grünsee die Lavarellahütte, 2050 m, steht. Links entlang der Straße zur großen Faneshütte 02 (2060 m) und über zwei Kehren weiter hinauf ins Limojoch (Ju de Limo, 2174 m). Gleich jenseits der Passhöhe liegt der Lé de Limo, der Limosee 03. Wer zur Ücia de Gran Fanes Hütte absteigt (ca. 30 Minuten) erreicht den Standpunkt, von dem das Einsstiegsfoto dieses Kapitels aufgenommen wurde.

Abstieg auf dem gleichen Weg; man kann natürlich auch auf die staubige Straße ausweichen (Geländewagen-Verkehr).

18. Auf den Monte Pic
KULTURÜBERGREIFENDER BERGGENUSS

Pic nennen ihn die Ladiner, Pitschberg heißt er auf Deutsch und für die Italiener ist er der Monte Pic. Die Aussicht von dem kleinen Grasberg über St. Christina in Gröden genießen aber alle Sprachgruppen.

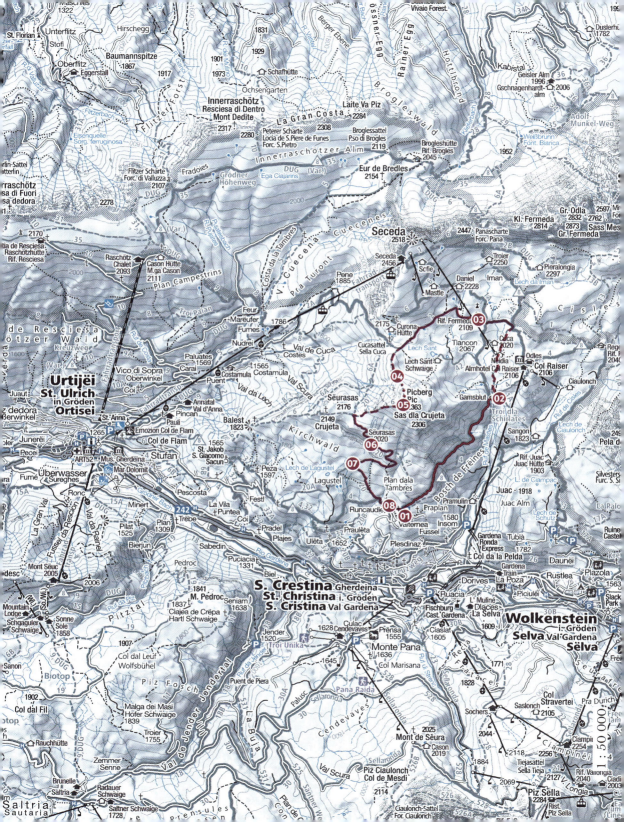

Babylonisch
BERGSTEIGEN

Für Dolomitenverhältnisse ist er nicht besonders hoch, dieser Wald- und Grasberg zwischen Gröden und der Geislergruppe. Aber er trägt mehrere Bezeichnungen und bietet ein Panorama mit noch viel mehr Bergnamen.

Der Kleine Pic (oder Monte Pic) ist ein unscheinbarer aber überraschend herrlicher Aussichtsberg über Gröden, der ohne große Mühen und recht einfach bestiegen werden kann. Ein besonderer Glücksfall ist in diesem Zusammenhang dann auch seine Lage abseits des ansonsten stark erschlossenen Grödnertals. Da verwundert es nicht, dass man immer wieder begeisterte Ausrufe von anderen Wanderern hört, präsentieren sich hier doch greifbar nahe die gigantischen Türme und Felswände der Sellagruppe und des Langkofelmassivs. Die erstklassige Aussicht schweift über das gesamte Grödnertal, da entfährt einem leicht einmal selbst ein begeisterter Ausruf ...

Der Pic bietet sich übrigens auch hervorragend als eine Tour für unsichere Wettertage an. Um den Berg verlaufen viele Wege, sollte sich das Wetter ändern, kann man die Wanderroute jederzeit anpassen oder einfach wieder umkehren. Als Highlight-Tipp sei übrigens noch der Sëurasas erwähnt: Bei Sonnenuntergang bietet sich ein besonderes Naturspektakel, wenn im Westen die Sonne hinter der Ortlergruppe untergeht, im Süden der Langkofel leuchtet und sich der Sellastock im Osten typisch orange färbt.

Auf den Pic

Bergwanderung auf breiten Güterwegen und Wiesenpfaden.

Dauer ca. 3:30 h | Distanz: 9,9 km | Höhenmeter: 670

Dank seiner exponierten Lage ist der Kleine Pic (oder Monte Pic) ein herrlicher Aussichtsberg über Gröden, der ohne große Mühen und recht einfach erstiegen werden kann.

▶ Gestartet wird am Wanderparkplatz 01 oberhalb der Runcaudië-Höfe. Dort den Wegweisern Richtung Col Raiser, Regensburger Hütte, Fermeda und Gamsbluthütte (Weg 4) folgen und an der Wasserfassung rechts halten. Zunächst ansteigend geht es später weitgehend höhenparallel auf einem Güterweg zur Gamsbluthütte 02, die am Waldrand liegt. Von dort ist der Weg über Almwiesen zu den Hütten Cuca und Fermeda ausgeschildert. Bei der Fermeda-Hütte 03 folgt man Weg 2 Richtung Westen zum Cucasattel. Schon von Weitem ist der schmale Pfad 6, der sich den Wiesenrücken zum Monte Pic hinaufzieht, zu sehen. Malerisch ist der Blick über die hügelige Aschgler Alm Richtung Montijela und Monte Stevia sowie der eindrucksvollen Felsburg Sella oder Richtung Norden zur Seceda und den Geislerspitzen.

Etwa auf halber Strecke lädt ein Kreuz 04 zu einem kurzen Abstecher ein. Zum Schluss etwas steiler ansteigend ist schon bald der Gipfel des Pic 05 erreicht, den eine Bank mit Blick auf Sella, Langkofel und Seiser Alm krönt.

Abstieg zur Sëurasas-Hütte: Steil sind die Hänge nach Süden hin zu den Almen von Sëurasas. Entsprechend steil führt auch der Weg über die Wiesen und vorbei an einzelnen Zirben zum Sattel und einer Wegkreuzung. Rechts ist die Crujeta zu sehen, links malerisch ein paar Almhütten vor der Kulisse von Cirspitzen, Sellastock und Langkofel. Weiterhin steil geht es zwischen Bäumen hindurch zur Sëurasas-Hütte 06.

Vorbei an weiteren Almgebäuden wandert man nun einen breiten Forstweg talwärts, in einer weit gezogenen Rechtskuve führt die Straße um das markante Felsband herum, auf dem die Alm liegt. An einer Wegkreuzung 07 den Weg 20 links Richtung Regensburger Hütte und Aschgler Alm nehmen. An der nächsten Weggabelung 08 (Brunnen) auf Weg 4 kurz nach links aufwärts zur Wasserfassung wandern und von dort in wenigen Schritten bergab zum Parkplatz 01 absteigen.

19. Die Cirspitzen
CIRCOLO CIR

Während die Cirspitzen die Fantasie anregen, kann die Seele beim weiten Blick über die Dolomiten tief durchatmen.

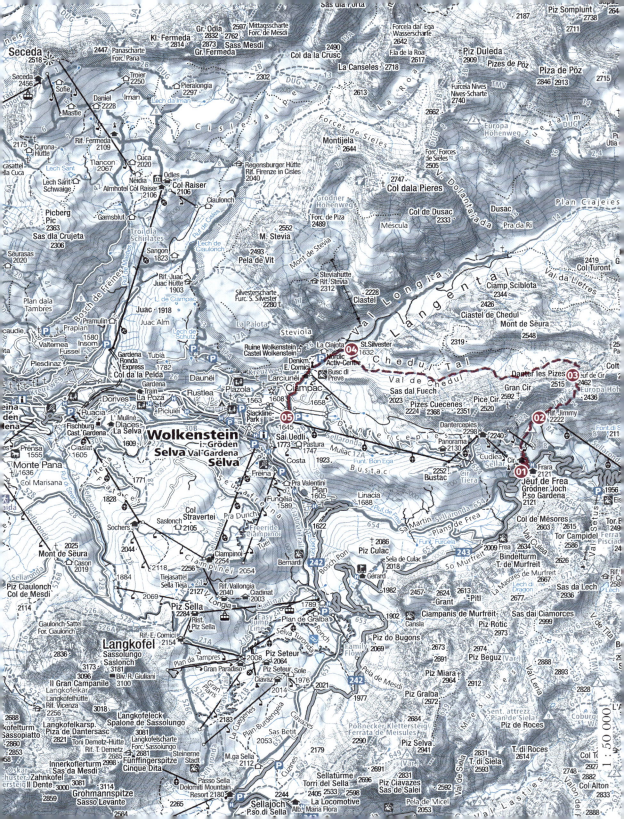

Viele Falten
IM ALTEN GESTEIN

Schwindelfrei? Dann wird es dir auf diesem luftigen Platz auch gut gefallen. Wer lieber ein bisschen mehr Gestein unter den Beinen hat, kann aber auch auf den Wanderpfaden unterhalb der Cir-Spitzen bleiben.

Die Cirspitzen, früher Tschierspitzen genannt, werden auf Ladinisch Pizes de Cir und auf Italienisch Gruppo del Cir, also Cirgruppe, genannt. Sie sind Teil der Puezgruppe in den Dolomiten und für ihr unvergleichliches Rundum-Panorama bekannt. Wem es allerdings vorwiegend um das Panorama geht, der muss sie gar nicht unbedingt besteigen, zumal ihre Bezwingung nicht ganz einfach ist: Bereits bei ihrer Umrundung erschließen sich wunderbare Ausblicke, in Richtung Osten etwa reicht die Sicht über die Dolomiten von Cortina bis zum Antelao.

Beim Durchwandern des ursprünglichen Chedultals mit seiner schönen, abwechslungsreichen Naturlandschaft abseits des Trubels des Grödentals, kann man dann auch seiner Fantasie freien Lauf lassen – ein schlafender Drache? Orgelpfeifen? Die Cirspitzen lassen jede Menge Freiraum für Interpretationen.

Umrundung der Cirspitzen

Für geübte Geher eine Bergwanderung ohne nennenswerte Schwierigkeiten, aber mit einigen stärkeren Steigungen.

Dauer ca. 3:30 h | Distanz: 7,4 km | Höhenmeter: Auf 341/Ab 817

Die verwitterte Zackenkette der Cirspitzen erhebt sich im Norden des Grödner Jochs, während ihre Nordwände zum Chedultal abstürzen. Diese Wanderung erlaubt bei gutem Wetter eine herrliche Fernsicht gegen Westen, und mit etwas Glück kann man Gämsen und Murmeltiere beobachten.

▶ Ausgehend von der Bushaltestelle am Grödner Joch **01** (Parkmöglichkeit) auf einem Wiesensteig zum Wirtschaftsweg hinauf, der unmittelbar oberhalb des Hotels Cir vorbeizieht. Auf ihm einige Kehren aufwärts bis zum ersten Hinweisschild, wo der Puezsteig mit dem Dolomiten-Höhenweg Nr. 2 rechts (nördlich) abgeht und die Wiesen unterhalb der Großen Cirspitze querend wir in 20 Minuten zu Jimmy's Hütte **02**, 2222 m, kommen. Wer von Wolkenstein mit der Umlaufbahn heraufgekommen ist, geht dann von der Bergstation

Dantercëpies auf einem Wirtschaftsweg rechts hinunter bis zur ersten Haarnadelkurve (ca. 200 Schritte), wo der Zubringersteig zur Hütte (10 Minuten) beginnt. Unmittelbar über Jimmy's Hütte, bei der Gondelbahn (Eintritt in den Naturpark), windet sich der Steig über die von Legföhren bestandenen Schotterhänge. Auf dem höhergelegenen Absatz quert er eine charakteristische Trümmermulde, aus der mehrere bizarre Felstürme aufragen. Kurz aber steil ist daraufhin der Aufstieg ins Cirjoch **03**, 2462 m (1½ Std. ab Grödner Joch). Anschließend geht es nur noch abwärts. Auf der Nordseite des Jochs verläuft der Steig über harmlose Felsstufen, wo man ein bisschen achtgeben sollte. Im Anschluss daran, an einer recht engen, felsüberhöhten Stelle (Wegweiser „Chedultal", Mark. 12) verlassen wir den Puezsteig und steigen über Schotter zum obersten Talboden von Chedul hinab. Zunächst geht es über Rasen, später über eine mächtige Talstufe, am Talende dann steil durch Wald auf die Böden des Langentals hinab zur St.-Silvester-Kapelle **04**, 1632 m. Der Brunnen in Kapellennähe spendet frisches Trinkwasser. Von dort sind es 30 Minuten ins Ortszentrum von Wolkenstein **05**.

20. Grödner Joch
DEM RUMMEL ENTFLIEHEN

Satte Blumenwiesen, der Duft des Waldes und am Grödner Joch grüßen die Cirspitzen herüber – einfach schön!

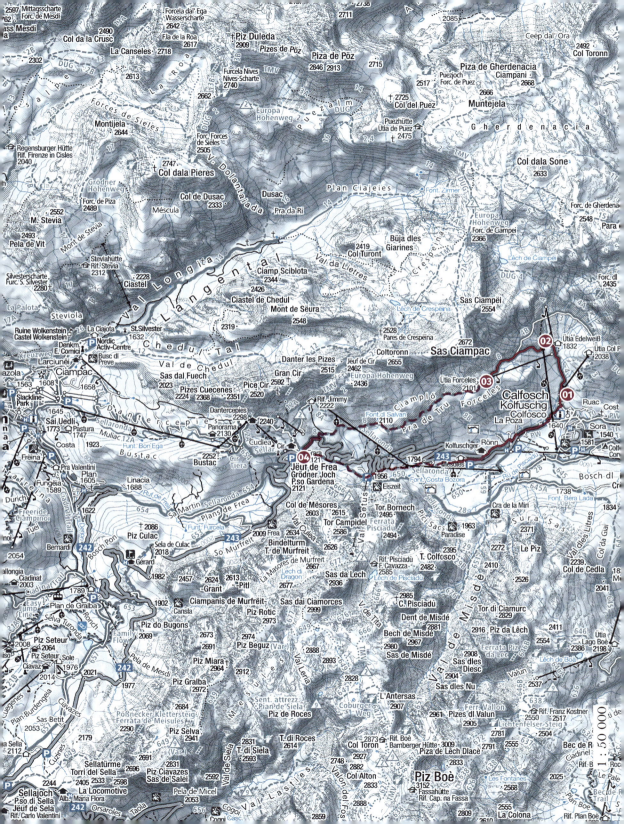

Bergwiesenblüte
IN DER WUNDERWELT DOLOMITEN

Nur wenige Schritte vom allsommerlichen Autolärm und Motorradgeknatter entfernt finden sich auch rund ums Grödner Joch etliche stille Plätze mit Dolomitenprachtblick.

Ein Highlight zu jeder Jahreszeit: Der Bergwiesenweg Tru di Pra in 1.300 bis 2.000 m Höhe, einst in mühevoller Handarbeit geschaffen, wird heute maschinell bewirtschaftet und ist immer noch ein wichtiges Standbein der ansässigen Bauern. Je höher man kommt, desto eindrucksvoller wird die Blumenpracht. Schöne Aussichtspunkte, Gebirgsbäche, kühle Wälder und Latschenfelder zeichnen den Weg aus. Der Geruch von Lärchen, Kiefern und Zirben tut ungemein gut und wenn man die Tour zeitlich gut plant, kommt man gegen Abend noch in den Genuss der Enrosadira, des Alpenglühens. Kurz vor Sonnenuntergang leuchten die Felswände feuerrot – ein wirklich atemberaubendes Phänomen.

Zum Grödner Joch

Leichte Rundwanderung für „Normalwanderer" mit herrlichem Blick auf die Nordseite des Sellastockes.

Dauer ca. 4:00 h | Distanz: 9,6 km | Höhenmeter: 522

Hier handelt es sich um eine Tour, die für alle „Normalwanderer" ohne große Schwierigkeiten eine Schau auf die gewaltige Nordseite des Sellastocks ermöglicht.

▶ Von der Kirche in Kolfuschg 01 wandern wir nordseitig auf gut markiertem Weg Nr. 4 ins Edelweißtal und hinauf zur Ütia Edelweiß 02, 1890 m. Nachdem wir hier den größten Teil des Höhenunterschiedes bereits überwunden haben, wenden wir uns nach Westen und gelangen über einen mittelmäßig steilen Weg entlang von Schlepplift und Skipiste hinauf zur Ütia Forcelles 03, 2101 m, das jedoch nur im Winter bewirtschaftet ist. Nun in einer sehr abwechslungsreichen Wanderung, ohne größere Höhenunterschiede, immer westwärts am Fuß von Sas da Ciampac und Col Toronn entlang. Über Wiesensteige, teils auch durch lichten Zirbenbestand und kurzzeitig auch über Schrofengelände erreichen wir bei der Malga Cir die Gröd-

ner-Joch-Straße und das Grödner Joch 04, einen besonders in den Spätsommer- und Herbstmonaten stark frequentierten Dolomitenpass. Von der Passhöhe nun ostwärts auf dem Weg Nr. 650, der die vielen Kehren der Passstraße abkürzt. Nach circa 25 Minuten erreichen wir eine weitläufige Wiese, von der aus wir die Pisciadù-Wasserfälle bewundern können. Weiter auf ebenem Weg und zurück nach Kolfuschg 01. Sollte gerade eine Busverbindung nach Kolfuschg bestehen, kann der Abstieg auch um gut eine Stunde verkürzt werden (4 Stunden).

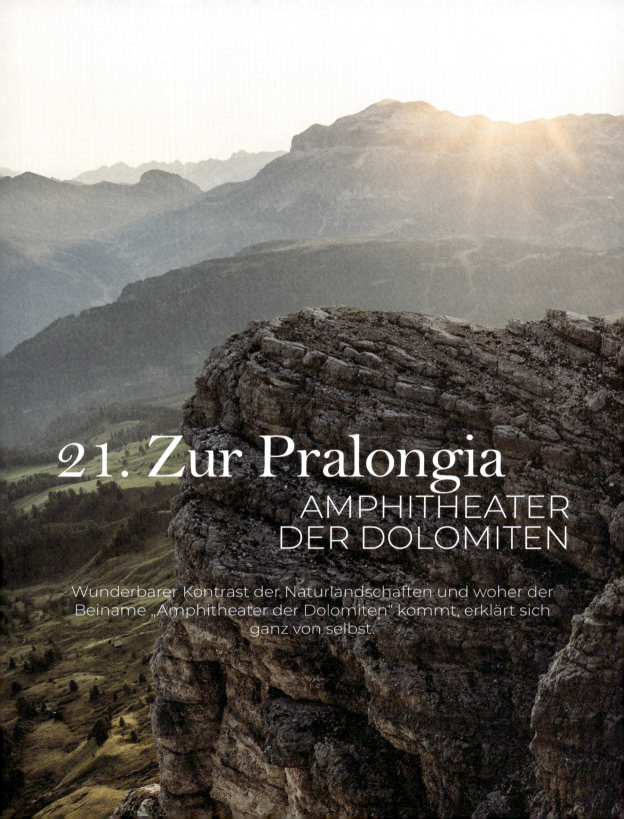

21. Zur Pralongia
AMPHITHEATER DER DOLOMITEN

Wunderbarer Kontrast der Naturlandschaften und woher der Beiname „Amphitheater der Dolomiten" kommt, erklärt sich ganz von selbst.

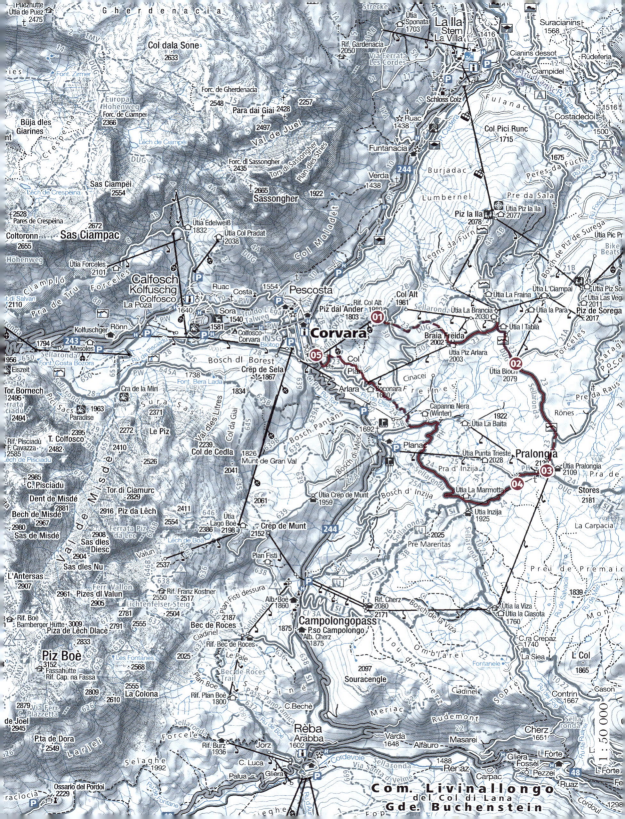

Blumenstrauß
IM FELSZIRKUS

Inmitten der Dolomiten, ganz hinten im Gadertal, erheben sich sanfte Hügel, die weite Wiesen tragen. Dort blüht es im Frühsommer, als hätte man ein paar Farbkübel ausgeleert – was für ein Kontrast zur strengen Berglandschaft rundum!

Corvara ist eine der fünf ladinischen Gemeinden des Gadertals und liegt herrlich umrahmt von mächtigen Bergen wie dem Sellastock, der Fanesgruppe und der Puezgruppe auf einer Höhe von 1.500 Metern. Von hier aus geht es auf die wunderschöne Hochebene des Pralongià, des „Amphitheaters der Dolomiten", mit Rundumblick auf die majestätischen Gipfel der Cunturinesspitze, den Sassongher und auf den beeindruckenden Gletscher der Marmolata. Genusstour ohne große Anstrengungen!

Vom Col Alt zur Pralongia

Wenig anstrengende Höhenwanderung, teilweise auf Fahrwegen. Prächtige Fernsicht, vor dem Bergpanorama stehen allerdings viele Liftmasten.

Dauer ca. 3:00 h | Distanz: 10,0 km | Höhenmeter: Auf 280/Ab 710

Auch von Corvara kann man per Lift zum Rand der Pralongià-Hochfläche hinaufschaukeln, also oben aussteigen zur gemütlichen Aussichtswanderung. Deren Länge lässt sich dann fast beliebig variieren; Abstiege sind in alle Richtungen möglich, und mit dem SAD-Bus kommt man bequem zurück nach Corvara. Natürlich werden die meisten das Schauerlebnis mit einer gemütlichen Brotzeit verbinden, wozu gleich mehrere Hütten zwischen Col Alt und Pralongià einladen.

▶ Vom Col Alt **01** (1980 m) führt der Höhenspaziergang zunächst bergab zu einer Staßengabelung, dann mit der Markierung 23 über den breiten, licht bewaldeten Rücken hinauf zur Braia Frëida (2003 m) mit der Ütia Ciablun. Weiter in östlicher Richtung auf einem Fahrweg zu der im Sommer geschlossenen La-Brancia-Hütte. Man lässt das Haus links liegen und folgt dem breiten Fußweg über einen bewaldeten Hang zur Ütia de Bioch **02** (2079 m). Nun südwärts mit einigem Auf und Ab am Hauptkamm entlang, zuletzt ansteigend zu der von einem Kirchlein gekrönten Pralongià **03** (2139 m). Knapp unterhalb des prächtigen Panoramapunktes steht die Pralongià-Hütte Der Abstieg führt zunächst auf einer breiten Fahrspur westlich hinunter in den Ju d'Inzija **04** (1920 m). Weiter geht es mit der Markierung 24 in das Tälchen des Rü de Confin, des Grenzbachs, dann rechts am Golfplatz vorbei und hinunter zum Parkplatz des Sesselliftes in Corvara **05** (1555 m).

Wilder PLACE 21

22. Grasleitenhütte
TAUSEND ZACKEN ÜBER DEM TSCHAMINTAL

Eingekesselt von schroffen Wänden wirkt die Grasleitenhütte, eine der ältesten Hütten im Rosengarten (erbaut 1887), wie ein Spielzeughaus.

Logenplatz
UNTERM ROSENGARTEN

Denkt man an die Dolomiten, dann entsteht vor dem geistigen Auge ein Bild wie dieses: Die traditionsreiche und bestens bewirtschaftete Grasleitenhütte bietet unter den bizarren Felsgestalten des Tschamintals Rast und Ruh', gutes Essen und ein Dach über dem Kopf.

Bei der Tschamin Schwaige befindet sich das Naturparkhaus Schlern-Rosengarten, das in der alten und wieder in Betrieb genommenen Steger Säge eingerichtet wurde. Es informiert über die Tier- und Pflanzenwelt der Region, die Geologie des Schlerns und die Entstehung der Dolomiten.

Weiter oben im Tschamintal gelangt man zu einem Wiesenflecken zu Füßen des Rosengartens, der ganz schlicht als „Rechter Leger" bezeichnet wird und dessen Felskulisse ihresgleichen sucht. Ein Gewirr von Zacken, Spitzen und Felskegeln wächst über dem idyllischen Talschluss in den Himmel, versteinerte Riesen, deren Anblick selbst Dolomitenkenner ins Staunen versetzt. Genießen lässt sich die Szenerie von einer der zahlreichen Holzbänke aus, die wohlverdiente Pause wird durch den Anblick der grünen Almwiesen und der kühn vor einem aufragenden Dolomitengipfel versüßt.

Zur Grasleitenhütte

Landschaftlich einzigartig schöne Bergwanderung auf steinigen und stellenweise auch steilen Wegen und Pfaden in sehr alpines Felsgelände – Trittsicherheit ist erforderlich!

Dauer ca. 5:00 h | Distanz: 13,3 km | Höhenmeter: 1000

Die Grasleitenhütte befindet sich oberhalb der Südtiroler Gemeinde Tiers, und zwar auf einer Seehöhe von 2165 Metern im wilden Grasleitental am Rand des Naturparks Schlern-Rosengarten. Dank ihrer einzigartigen Lage inmitten wildester Dolomitenzacken, die das Tschamintal beiderseits begrenzen, ist sie nicht nur ein perfektes Tourenziel, sondern auch ein Etappenziel auf ausgedehnten Wanderungen oder Klettersteigtouren im Herzen des UNESCO-Weltnaturerbes Dolomiten. Der Zustieg zur Grasleitenhütte ist mit Sicherheit einer der schönsten Wege in die sagenumwobene Gebirgsruppe des Rosengartens.

▶ Vom Parkplatz Weißlahn **01** wandern wir zunächst auf einer Schotterstraße beim Gasthaus Tschaminschwaige **02** vorbei und folgen dann der Wegmarkierung 3 ins wildromantische Tschamintal hinein. Dort kommen wir an zwei Almlichtungen vorbei und erreichen den atemberaubend schönen Talschluss, in dem sich der Weg teilt. Dort wählen wir den rechts abzweigenden Pfad Nr. 3A, der – nun stärker ansteigend und an einigen Stellen auch ein wenig ausgesetzt – durch ein wüstes Hochtal zur Grasleitenhütte **03** (2165 m) emporzieht.er Abstieg erfolgt auf derselben Route.

23. Vajolethütte – Santnerpass

DOLOMITENDÄMMERUNG

Ausblicke wie von einem Balkon auf das Fassatal, die Vajolettürme, die Rosengartenspitze und den Kesselkogel.

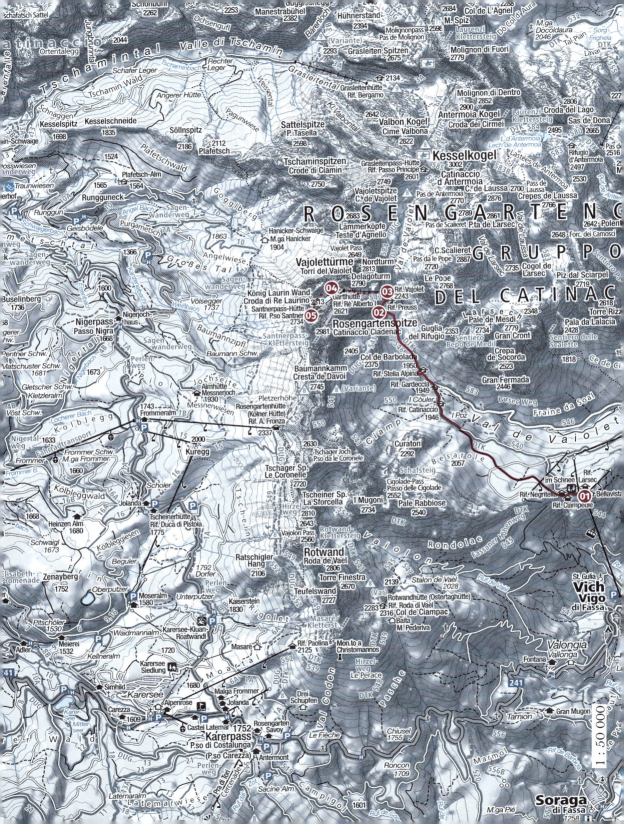

Im Schatten
DES ROSENGARTEN

Wenn man früh am Morgen zu den Vajolettürmen aufbricht, hat man sie noch für sich allein, bevor die ersten Kletterer zu ihnen aufbrechen, und am Abend werden die Felsen vielleicht von der Sonne rot gefärbt – wir befinden uns ja im Rosengarten.

Die Vajolethütte ist ein äußerst beliebter Ausgangspunkt für Klettertouren; wenn man sich die bizarr in den Himmel ragenden Vajolettürme ansieht, versteht man auch schnell, warum das so ist. Auch rund um den Santnerpass sind unzählige Kletterrouten im Fels angelegt. Es verwundert also nicht, wenn man hier selten alleine unterwegs ist. Aus diesem Grund lohnt es sich auch, möglichst früh zu dieser Tour aufzubrechen, um so noch ein wenig Einsamkeit genießen zu können. Wer kein Frühaufsteher ist kann den allgemeinen Ansturm auf die Bergzacken natürlich trotzdem genießen und die teils akrobatischen Kletterkünste bewundern.

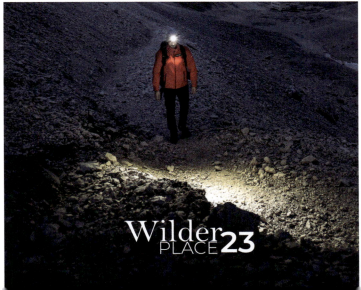

Vajolethütte – Santnerpass

Alpine Hütten- und Bergtour auf Schotterstraßen und schmalen, teils gesicherten Pfaden im steilen Fels- und Schuttgelände, die Trittsicherheit und Schwindelfreiheit erfordern.

Dauer ca. 5:40 h | Distanz: 12,2 km | Höhenmeter: 900

Wer den berühmten Vajolettürmen ohne Klettersteigausrüstung möglichst nahe kommen möchte, muss im Val di Fassa östlich des Karerpasses und des sagenumwobenen Rosengartenmassivs die Bergschuhe schnüren. Dieser Abstecher ins Trentino lohnt sich jedoch sehr, denn allein schon die Wanderung ins Val de Vaiolet (Vajolettal) zählt zu den schönsten Dolomitentouren. Beim Aufstieg zur Gartlhütte muss man dann ein wenig Hand an den Fels legen; bei trockenen und schneefreien Verhältnissen ist er jedoch für Geübte keine Hexerei. Der Anblick der drei magischen Felstürme und die gewaltige Aussicht vom rasch erreichten Santnerpass – westwärts liegt halb Südtirol in der Tiefe, direkt daneben ragen die Felswände der Rosengartenspitze empor – belohnen jedenfalls alle Mühen überreichlich. Allerdings – um in diesem Gebiet allein zu sein müsste man in einer der hoch gelegenen Schutzhütten übernachten und (sehr) frühmorgens starten!

▶ Von der Seilbahn-Bergstation **01** folgen wir der Beschilderung „Rif. Gardeccia, Rif. Vaiolet e Preuss" nach links, wandern über den Rücken zum Rifugio Negritella und zweigen danach rechts (Nr. 540) ab. Durch das Skigebiet kommen wir zur nächsten Gabelung, von der wir rechts auf einem breiten Weg in den Wald wandern. Bald wird eine weitere Piste überquert, dann geht's durch Waldhänge weiter. Nach 50 Minuten erreichen wir Gardeccia **02** (1950 m) mit dem gleichnamigen Rifugio und weiteren Einkehrstationen im Val de Vaiolet. Von dort wandern wir dann circa 1 Stunde auf der Schotterstraße, zuletzt in steilen Kehren, bis zum Rifugio Vajolet **03** (Vajolethütte, 2243 m) und zur benachbarten, mit einem Türmchen geschmückten Preuss-Hütte hinauf. Der zweite, wesentlich alpinere Abschnitt dieser Tour beginnt ein paar Schritte weiter taleinwärts, wo der Pfad Nr. 542 links abzweigt. Beim folgenden Aufstieg dominiert die links aufragende Rosengartenspitze, jenseits über dem Talgrund stehen die Felsflanken des Larsech und des Kesselkogels. Durch eine felsige Rinne und steiles, grobes Schuttgelände kommt man rasch hinauf; an anspruchsvolleren Stellen helfen Stahlseile. Nach 1 Stunde stehen wir vor dem Rifugio Rè Alberto I **04** (Gartlhütte, 2621 m), über dem die Vajolettürme alle Blicke auf sich ziehen. Über der Gartlmulde mit ihrem kleinen (und leider oft ausgetrockneten) See erhebt sich die Laurinswand; sie gibt die weitere Aufstiegsrichtung vor. Auf dem Pfad Nr. 542 gelangen wir dann in 20 Minuten auf den Santnerpass **05** (2734 m) mit seiner kleinen, feinen Schutzhütte. Der Abstieg erfolgt auf derselben Route (insgesamt ca. 2½ Stunden). Wer mit dem Bus angereist ist könnte vom Weg Nr. 540 Gardeccia – Ciampedie links Richtung „Seggovie I–II Tronico Pera" abzweigen und mit dem Sessellift (2 Sektionen) nach Pera hinunterfahren; damit erspart man sich ein paar Höhenmeter und 15 Minuten Gehzeit.

24. Porta Vescovo
AUF DEN SPUREN DES BROTS

Einst von Händlern aus der Gegend von Belluno benutzt, um Mehl in die ladinischen Täler zu transportieren und zu verkaufen, ist der Brotweg heute ein beliebter alpiner Spaziergang.

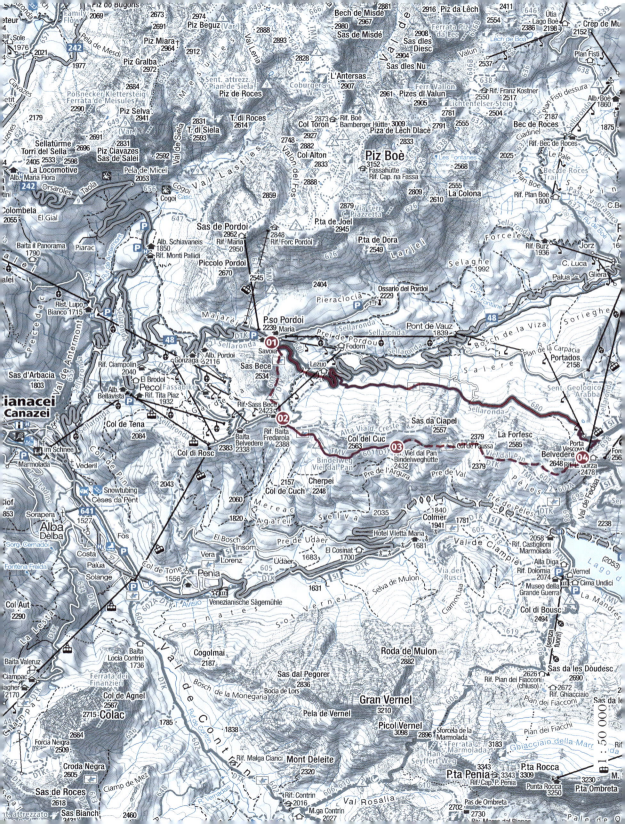

Bildschöner
BINDELWEG

Im Ranking der schönsten Panoramarouten der Alpen spielt der Bindelweg – der Viel dal Pan, also der „Brotweg", auf dem die Einheimischen einst ihr Getreide transportierten – seit hundert Jahren ganz vorne mit.

Der alte ladinische Getreidehandelsweg Viel dal Pan (Brotweg) verbindet das Fassatal mit dem Cordevoletal. Dr. Karl Bindel (1857–1909), nach dem der Weg seit 1903 im deutschen Sprachraum benannt ist, war Lehrer, Bergsteiger und Vorsitzender der Alpenvereinssektion Bamberg. Er initiierte den Ausbau des Wegs zu einer der ganz großen, faszinierend schönen Höhenpromenaden der Dolomiten. Anschauungsobjekt Nummer eins auf dieser Strecke ist die Königin der Dolomiten, wie die Marmolata auch genannt wird. Ihrer gletschergepanzerten Nordflanke ist der begrünte Padonkamm als natürlicher Balkon vorgelagert, dazwischen schlängelt sich die Fedaia-Pass-Straße. Nicht ganz am Kamm, aber doch weit oben in der Flanke verläuft in bequemer Promenadenmanier der Bindelweg. Er bietet ungehinderte Aussicht auf Marmolata, Sella, Langkofelgruppe und gehört so zu den populärsten Wanderwegen.

Porta Vescovo

Großartige Höhenwanderung im sanften Auf und Ab durch steile Grashänge und auf Kammwegen mit großartigem Panoramablick zur Marmolata.

Dauer ca. 4:00 h | Distanz: 12,1 km | Höhenmeter: 423

Schnüren wir die Bergschuhe im Angesicht des Sellastocks und starten wir eine Aussichtswanderung vor dem gletscherweißen Alpin-Schaustück der Marmolata!

▶ Vom Albergo Savoia auf dem Passo Pordoi **01** wandern wir rechts die kleine Straße hinauf, die uns zum Pordoi-Kirchlein bringt. An diesem vorbei bleiben wir auf dem Weg Nr. 601 (Dolomiten-Höhenweg Nr. 2) unterhalb des Sass Becé. Rechts über uns sehen wir das Rifugio Sass Becé **02**. Wir steigen auf den Kamm hinauf, der zwischen dem Pordoijoch und dem Pian Trevisan verläuft, und haben beim Rifugio Fredarola einen großartigen Panoramablick über das gesamte Fassatal. Die Aussicht auf die Marmolata genießend wandern wir über Grashänge südlich vom Col del Cuc und erreichen in kurvigem Anstieg das bereits sichtbare Rifugio Viel Dal Pan **03**. Auf gleicher Höhe bleibend kommen wir zur

Forcella Col de Pausa, wo der Kammweg zu Le Forfesc und zum Belvedere sowie danach zur Porta Vescovo abzweigt. An diesem Weg wandern wir rechts vorbei und gehen nochmals rechts in leichtem Abstieg auf den aussichtsreichen Bindelweg. Die nächste Abzweigung führt auf bequemerem Weg zur Porta Vescovo. Hier befinden sich nicht nur die Bergstationen der Arabba-Seilbahn und der Gondelbahn, sondern auch die Bar und das Restaurant des Rifugio L. Gorza **04**. Auf dem Weg bleibend steigen wir nun nordwärts unter der Seilbahn ab und kommen recht bald auf einer Höhe von 2319 Metern auf die Straße (Weg Nr. 680), die nördlich der Bergkette verläuft. Wir biegen links ein und wandern auf Wiesen in Richtung Passo Pordoi. Nach etwa 1½-stündigem Abstieg erreichen wir bei einer Kehre, 2159 m, die Staatsstraße 48 zwischen Kilometer 77 und 78 und wandern auf ihr die letzten beiden Kilometer zum Passo Pordoi **01**, 2242 m, hinauf.

25. Zum Col di Lana
DER „BLUTBERG"

Die traumhaft schönen Ausblicke trösten ein wenig über die bedrückende Geschichte des Col di Lana hinweg.

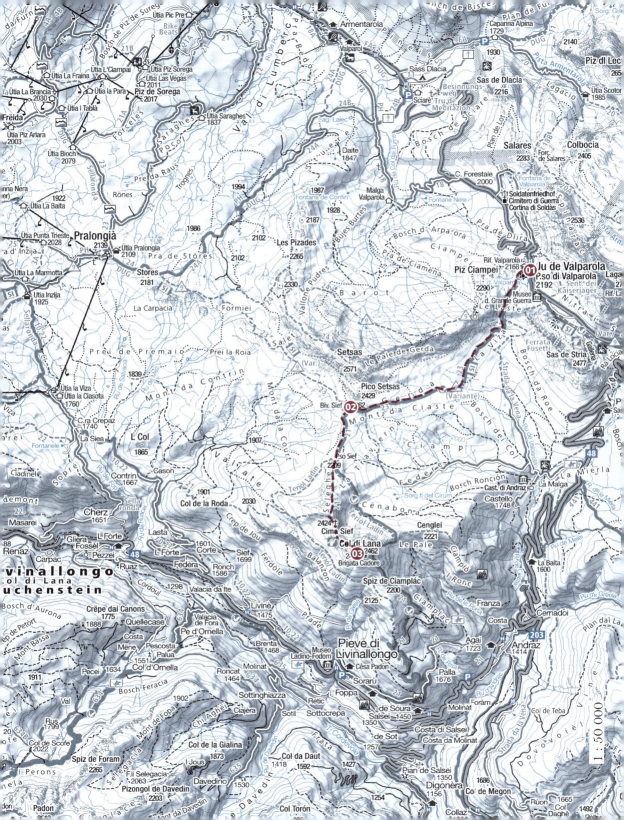

Lebendige
GESCHICHTE

Rund 8.000 Soldaten fanden im Ersten Weltkrieg allein am Col di Lana den Tod. Von den italienischen Alpini wird er deshalb „Col di Sangue", Blutberg, genannt.

Eine Wanderung zum Col di Lana ist auch eine Reise zu den Spuren der schrecklichsten Zeit in dieser traumhaften Bergwelt. 1915 erfasste der Erste Weltkrieg auch die Alpen. Zu den blutigsten Schauplätzen des Gebirgskriegs zählen die Berge rund um den Valparola-Pass zwischen Alta Badia und Cortina d'Ampezzo. Von diesem Pass aus kann man gleich drei Berge erwandern, die noch heute durchzogen sind von Stollen und Schützengräben: den Lagazuoi, den Hexenstein und den Col di Lana. Am 17. April 1916 um 23.30 Uhr wurde Letzterer in die Luft gesprengt. Ein Ereignis, das sinnbildlich für den gesamten Krieg in Fels und Eis geworden ist. Die Sprengung des Col di Lana kostete 150 Kaiserjägern, Artilleristen, Landstürmern und Standschützen das Leben.

Zum Col di Lana

Mehr Höhenwanderung als Gipfeltour; am Grat zwischen Cima Sief und Col di Lana einige Sicherungen. Im Frühsommer üppige Flora; vom Gipfel herrliche Dolomitenschau!

Dauer ca. 4:45 h | Distanz: 11,8 km | Höhenmeter: 284

Ein kurzer Blick auf die Landkarte macht deutlich, weshalb es sich auf jeden Fall lohnt, den Col di Lana (2452 m), zu besteigen: Der Aussicht wegen! Denn der unscheinbare Felsmugel steht ziemlich genau in der geografischen Mitte der Dolomiten, und wenn es ihm selbst an Statur mangelt, so zeigt der Blick ins weite Rund viele felsig-markante Profile – eine eindrucksvolle Parade berühmter Gipfel und Gebirge, von der Sellagruppe im Westen über die Marmolata bis zum riesigen Monte Civetta im Südosten.

▶ Vom Ju de Valparola **01** (Wegzeiger) geht es zunächst einmal bergab, vorbei am gleichnamigen, seichten See, über teilweise sumpfige Wiesen und durch eine kurze, felsige Rinne. Knapp unter der 2.000-Meter-Höhenmarke beginnt der Aufstieg. Er führt aus lichtem Zirben- und Lärchenwald (Bosco la Vizza) bergan zu dem lang gestreckten Graskamm **02**, 2262 m, der Setsas, 2571 m, und Cima Sief verbindet. Bei einer kleinen, unbewirtschafteten Schutzhütte biegen wir links ab. Am Passo Sief, 2209 m, stößt man dann – wie so oft in den Dolomiten – auf Relikte des Ersten Weltkriegs: Alte, verwachsene Schützengräben, Unterstände, Stacheldraht. Sie begleiten den Wanderer bis zum Gipfelziel über den gutmütigen Buckel der Cima Sief, 2424 m, dem ersten Höhe- und Panoramapunkt, und am felsigen, zersplitterten Kamm entlang zum Col di Lana **03**, 2462 m. Zuletzt sind noch ein paar Kraxelstellen zu meistern, mit Drahtseilen und Eisenklammern bestens gesichert und auch nicht ausgesetzt. Rückkehr auf dem gleichen Weg.

26. Croda da Lago
MORGENSTUND AM MITTAGSZEIGER

Wenn sich im Herbst die Lärchen verfärben, scheint der Ufersaum des Lago Federa zu brennen. Darüber erhebt sich eindrücklich der Mittagszeiger, der einst den Bergbauern anzeigte, wann es Zeit für das Mittagessen war.

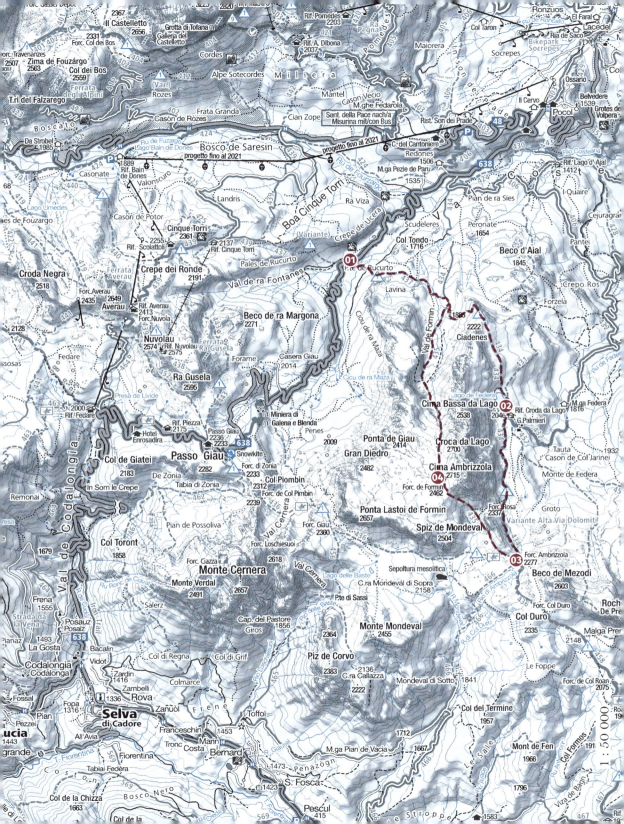

Doppelung
DER WELT

Der markante Becco di Mezzodi, der „Mittagszeiger", ist eine der schönsten Berggestalten der Dolomiten. Im frühen Licht eines windstillen Morgens spiegelt er sich besonders eindrücklich im Lago Federa.

Um den Lago Federa ranken sich jede Menge Sagen und Legenden: Jene vom bösen Drachen zum Beispiel, der auf die wunderschöne Stadt Miliera neidisch war und diese zerstörte. Er versteckte sich nach seiner Tat hier zwischen den Bergen, sonnte sich im Gras am Fuße des Croda da Lago und legte eine Muschel frei. Im Zuge der Schneeschmelze floss bald schon Wasser in die Muschel, füllte sie und so entstand der See. Wahrscheinlich eher verantwortlich für seine Entstehung dürften allerdings wohl unterirdische Quellen sein, die auch dafür sorgen, dass der Wasserstand im Sommer wie im Winter nahezu konstant bleibt. Eine weitere Konstante des Lago Federa: das kalte Wasser. Im Sommer durchaus eine willkommene Erfrischung für müde Wandererfüße ...

Croda da Lago

Landschaftlich ungewöhnlich reizvolle Wanderrunde. Der Abstieg durch das Bergsturzgelände des oberen Val de Formin verlangt sicheren Tritt.

Dauer ca. 5:00 h | Distanz: 12,0 km | Höhenmeter: 700

Die Wanderung zum Lago Federa im Bereich der Ampezzaner Dolomiten muss man einfach erlebt haben!

▶ Der kürzeste Anstieg zu dem rund vier Hektar großen Bergsee hat seinen Ausgangspunkt an der Ponte de Rucurto 01 an der Straße zum Giaupass. Von der Terrasse des Rifugio Croda da Lago–G. Palmieri 02 hat man einen herrlichen Blick auf zwei große Ampezzaner Gipfel: den Sorapiss, und den Antelao. Die Runde um den lang gestreckten, vielgipfeligen Felskamm der Croda da Lago (Cima d'Ambrizzola), erfordert etwa 400 Höhenmeter zusätzlich, bietet aber auch faszinierende Dolomitenbilder bis tief ins Zoldano. Besonders schön ist der Blick aus der Forcella Ambrizzola auf die beiden mächtigen Felsmassive über dem Tal des Maè, Pelmo und Civetta. Vom Südufer des Lago Federa, auf gutem Weg, mehrere Geröllreißen querend, in angeneh-

Wilder
PLACE **26**

mer Steigung südlich hinauf in die Forcella Ambrizzola 03. In der Scharte nun scharf rechts, an der Weggabelung mit der Markierung 435 geradeaus und ohne größeren Höhenverlust in die grüne Mulde unter der Cima d'Ambrizzola. Jetzt zunehmend steiler bergan zur Forcella de Formin 04, dem höchsten Punkt der Runde mit Aussicht zum Tofanamassiv. Der Blick nach Norden begleitet Wanderer auch beim Abstieg in das Val de Formin; rechts wachsen die (Kletter-)Felsen der Croda da Lago immer höher in den Himmel. Die markierte Spur schlängelt sich nun durch eine Bergsturzzone hinab; dabei muss man gelegentlich die Hände zu Hilfe nehmen. Anschließend im Wald talauswärts; an der gut beschilderten Wegkreuzung links und auf dem Anstiegsweg zurück zur Ponte de Rucurto 01.

Variante: Von der Forcella de Formin aus kann man einen Abstecher zum höchsten Punkt des Karrenplateaus unternehmen. Der Anstieg zum Monte Formin ist zwar nicht markiert, bei gutem Wetter (kein Nebel!) aber relativ problemlos; er vermittelt faszinierende Bilder der von Wind und Wasser geformten Felslandschaft vor der Kulisse der Croda da Lago und Cima d'Ambrizzola.

27. Corvo Alto
STEINZEIT-SPAZIERGANG

Viel gesucht und wenig gefunden in den Dolomiten: Bergeinsamkeit. Diese Tour bietet eine Chance dafür ...

Geschichte
UND WEITE AUSBLICKE

Ob der Monte Pelmo auch schon in der Mittelsteinzeit als „Götterberg" verehrt wurde? Hier auf Mondeval fand man jedenfalls Spuren von Menschen, die sich damals zum Jagen und Sammeln ein besonders schönes Stück der Dolomiten ausgesucht haben.

Die Tour führt in einer Höhe von 2.277 Metern über die Forcella Ambrizzola und damit einen wichtigen Knotenpunkt verschiedener Höhenrouten, darunter die Alta Via Nr. 1 der Dolomiten. Hier kreuzen sich zahlreiche Pfade, und die Aussicht ist umwerfend: Erkennbar sind die Conca Ampezzana (mit Croda Rossa, Pomagagnon, Cristallo, Tre Cime di Lavaredo), das Valle del Boite (mit Antelao und Sorapiss-Gruppe), Mondeval und Val Fiorentina (mit Pelmo und Civetta im Hintergrund). Der Monte Pelmo ist übrigens mit einer Höhe von 3.168 Metern einer der höchsten Dolomitengipfel und teil jener Gebirgskette, die das Val di Zoldo vom Valle del Boite trennen.

Interessant ist am Fuße des Monte Mondeval auch eine paläoanthropologische und archäologische Fundstätte: Man fand ein gut erhaltenes, etwa 7.500 Jahre altes Grab, das zusammen mit weiteren Fundstücken die Besiedlung der Region bereits in der späten Mittelsteinzeit belegt.

Corvo Alto

Mittelschwere Bergwanderung für Wanderer, die Touren etwas abseits der Touristenströme schätzen. Allerdings müssen auch fehlende Einkehrmöglichkeiten in Kauf genommen werden. Ein Wegabschnitt verläuft auf der Route des Dolomiten-Höhenweges 1 von der Forcella di Giau zur Forcella Ambrizzola.

Dauer ca. 5:00 h | Distanz: 14,7 km | Höhenmeter: 900

Für so manchen mag in den Dolomiten eine Tour ohne „Massenbegleitung" der Wunsch sein. Allerdings muss er dafür meist Touren ohne direkte Einkehrmöglichkeit oder sonstige touristische Stützpunkte an der Strecke auswählen. Dies trifft bei dieser Tour zwar auch zu, dennoch vermittelt sie ein wunderschönes Bergerlebnis und entschädigt für die Aufstiegsstrapazen.

▶ Sie beginnt zwischen den Häusern von Toffol **01** mit der deutlich erkennbaren Markierung Nr. 465, welche am Ende einer steilen, asphaltierten Hauszufahrt als steiler Pfad

Wilder PLACE **27**

bergwärts führt. Zuerst östlich des Loschiesuòibachs, dann etwas abseits gelangen wir auf meist ziemlich steilem Weg im Talschluss zur Waldgrenze, zur Ponte di Sassi **02** und danach auf immer flacher werdendem Grassteig zum Dolomiten-Höhenweg 1, auf dem wir links zur Forcella di Giau, 2360 m, hinüberwandern. Dort tut sich ein schöner Blick ins Gebiet der Tofanen auf. Nun geht es auf dem schönen Höhenweg in südöstlicher Richtung ziemlich eben dahin, vorbei am kleinen Lago delle Baste zur aussichtsreichen Forcella Ambrizzola **03**, 2277 m, hinüber. Wir genießen den freien Rundblick, vor allem zum nordseitig gelegenen Lago Federa und nach Süden zum mächtigen Gebirgsstock des Monte Pelmo. Wir steigen auf dem Weg Nr. 466 ins Valle Mondeval nach Südwesten ab. Der wechselnd steile Weg führt im letzten Abschnitt als Waldsteig hinunter zu einer Forststraße. Auf dieser links absteigend erreichen wir die Hauptstraße im Tal, die rechts nach Pescul **04** führt. Weiter nach Westen und rechts kurz hinauf zum Ausgangspunkt in Toffol **01**.

Wilder PLACE 27

28. Via Ferrata Degli Alleghesi
AUF ZUM ABGRUND!

Eine Tour für erfahrene Klettersteiggeher mit guter Ausdauer. Für alle anderen: Etwas zum Träumen!

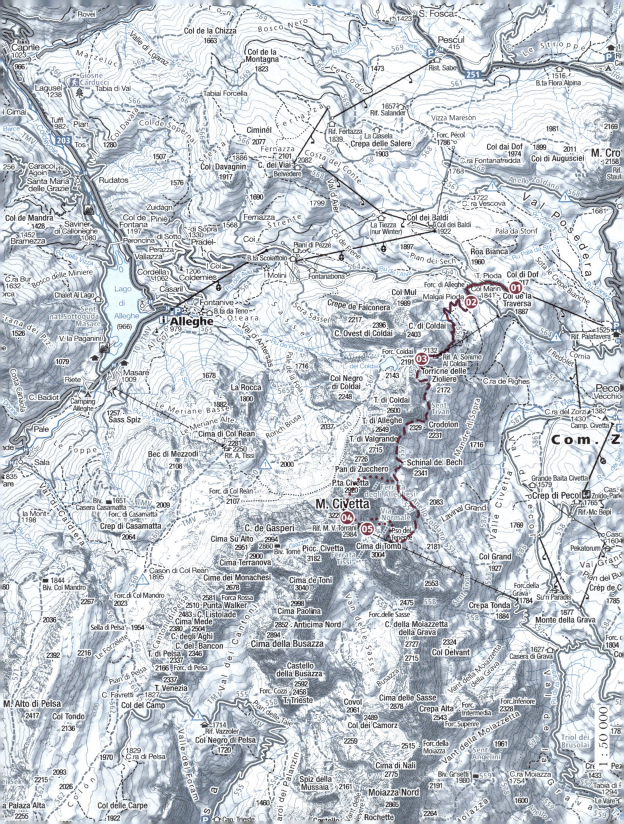

Tief atmen,
UM DEN PULS ZU BERUHIGEN

Dolomiten – das ist doch nicht nur Wandern, sondern auch Hand-an-den Fels-legen? Stimmt, und daher präsentieren wir hier einen der wildesten Klettersteige der gesamten Gebirgsgruppe, der höchst luftig über den Monte Civetta führt.

Dank ihrer Nordwestwand gilt die Civetta als einer der mächtigsten Berge der Dolomiten und kommt als massiver Felsriegel daher, nicht so spektakulär geformt wie andere freistehende Dolomitentürme, trotzdem aber nicht weniger imposant.

Auch dem Ausgangspunkt der Tour sollte man etwas Zeit widmen: Die Region des Val di Zoldo lag einst weitab der Handelsrouten und war von keinerlei wirtschaftlichem Interesse. Man geht davon aus, dass das Gebiet erst verhältnismäßig spät fest besiedelt war. Aus der Römerzeit stammen drei Inschriften in der Nähe des Monte Civetta, die wahrscheinlich die Grenze zwischen den Territorien Iulium Carnicum (Zuglio, in der Provinz Udine) und Bellunum (Belluno) anzeigten. Die Region Zoldano war über Jahrhunderte hinweg ein Grenzgebiet, und hat noch heute einen sehr charmanten und spröden Charme.

Via Ferrata Degli Alleghesi

Ein besonders schwieriger gesicherter, aber sehr anspruchsvoller Klettersteig – sehr lange und mit Kletterstellen bis zum II. Grad. Nur mit entsprechender Ausrüstung und bei absolut sicherem Wetter begehen! Im Frühsommer sind Pickel oder Steigeisen von Vorteil.

Dauer ca. 10:00 h | Distanz: 13,8 km | Höhenmeter: 1400

Die Civetta bietet sehr geübten und erfahrenen Ferrata-Fans ein Klettersteigerlebnis der Extraklasse!

▶ Vom Hotel Palafavera, 1520 m (Parkplatz, Sessellift, Campingplatz), fahren wir mit dem Sessellift auf den Col di Dof **01** hinauf. Anschließend leicht abwärts zur Malga Pioda **02** und auf dem Weg Nr. 556 hinauf zum Rifugio A. Sonino Al Coldai **03**, 2135 m. Der Weg Nr. 557 „Sentiero Tivan" führt südwärts zum Einstieg nahe der Scharte am Schinal del Bech. Über den Ostpfeiler (gesichert) auf den Nordgrat und weiter zum Gipfel des Monte Civetta **04**, 3220 m. Teilweise ungesicherte Stellen erreichen die UIAA-Schwierigkeit I–II.

Abstieg: Vom Gipfel folgt man der roten Markierung über steiles Geröll (Steinschlag!) hinunter zum Rif. M. V. Torrani 05, 2984 m. Weiter über schräge Platten und Schotterbänder, teilweise gesichert, auf dem Weg Nr. 557 zum Sentiero Tivan und zurück zum Col di Dof 01. Bemerkung: Eine großartige Überschreitung der Civetta bietet der Aufstieg über die Via ferrata degli Alleghesi und der Abstieg über die Via ferrata Attilio Tissi zum Rifugio Vazzoler, 1714 m. Wuchtig steht die Civettagruppe vor uns – nicht so tiefgründig zerklüftet wie die Palagruppe oder die Sextner Dolomiten, aber mit ihrer 1000 Meter hohen Nordwestwand ist sie ein Glanzpunkt der Dolomiten und in Kreisen anspruchsvoller Kletterer als Herausforderung bekannt. 1925 wurde diese Wand erstmals bezwungen, aber der Gipfel, 3220 m, wurde bereits 1867 durch den Engländer Francis Fox Tuckett über eine andere Route erreicht. Für den Kletter-steiggeher gibt es zwei Möglichkeiten des Gipfelanstiegs: Über die „Via ferrata degli Alleghesi" von Nordosten und über die „Via ferrata Attilio Tissi" von Süden. Der großartige Rundblick vom Gipfel entschädigt für die beträchtlichen Mühen dieser anspruchsvollen Klettersteigtouren.

Wilder PLACE 28

29. Passo Rolle – Cavallazza

BEEINDRUCKENDE NATUR, BEDRÜCKENDE GESCHICHTE

Der blutigen Vergangenheit der im Ersten Weltkrieg hart umkämpften Dolomitengipfel entkommt man auch hier nicht – es tröstet die spektakuläre Natur, die den Mensch auf seinen Platz verweist.

Steinzeit
IN DEN „BLEICHEN BERGEN"

Im Mesolithikum – vor 9.000 bis 5.500 Jahren – sah die Landschaft am Fuße des Cimon della Pala wohl nicht viel anders aus als heute. Ob sie die Jäger der Mittleren Steinzeit auch so bewundert haben?

Die Wanderung ist nicht nur landschaftlich schön, sondern auch historisch sehr interessant. Und wie könnte es anders sein – wir sind ja schließlich in den Dolomiten – natürlich geht es dabei um den Ersten Weltkrieg. Auch die Cavallazza war Teil der Frontlinie in der Bergkette Lagorai und damit Schauplatz zahlreicher Gefechte. Die Überreste der militärischen Befestigungsanlagen wie Gräben, Wehrgänge, Festungen und Galerien sind heute noch zu sehen. Über den Alpenpass Passo Rolle führt eine der ältesten Straßen der Dolomiten, bereits 1872 wurde sie fertiggestellt und war in den Kriegsjahren zu Anfang des 20. Jahrhunderts ein wichtiger Nachschubweg für die Front.

An den Laghi di Colbricon wandert man jedoch an einem noch früher benutzten Übergang vorbei, dem Passo del Colbricon. Er dürfte, wie Funde belegen, bereits in der Altsteinzeit begangen worden sein.

Passo Rolle – Cavallazza

Unschwierige, abwechslungsreiche Tour, die Grunderfahrung im alpinen Felsgelände voraussetzt; beeindruckendes Panorama der Palagruppe. Einkehrmöglichkeiten: Malga Rolle im Westen des Passes, Rifugio Laghi del Colbricon.

Dauer ca. 3:45 h | Distanz: 6,8 km | Höhenmeter: 530

Die unübersehbaren Spuren aus dem Ersten Weltkrieg sind nicht die ältesten Relikte der Geschichte, die wir im Rahmen dieser Wanderung durch einen wenig bekannten Bereich der südlichen Dolomiten entdecken. Am Colbricon-Pass lagen schon steinzeitliche Jäger auf der Lauer; sie erlegten ihre Beute – Steinböcke und Gämsen, Rehe und Hirsche – mit wenigen Waffen, aber mit viel List. Sich das an den Seen dieses Gebiets vorzustellen trägt viel zur Magie der Dolomitenwelt bei.

▶ Von der Kaserne am Passo Rolle 01 gehen wir auf einer Treppe zur kleinen Kapelle und zur Caserma Capanna „Sass Maor" der Guardia di Finanza, wo die Skipiste Tognazza einmündet. Dieser folgen wir zu einer Rechtskurve, ehe wir auf einem unmarkierten Pfad südwärts abbiegen (Steinmännchen). Nach einem leichten Abstieg erreichen wir den Sattel zwischen Tognazza und Cavallazza, auf dem sich drei kleine Lacken befinden. Auf einem Pfad steigen wir nun auf die Cavallazza Picola. Am ersten Nebengipfel vorbei führt der Pfad am Fuß einer Felswand in eine Rinne. Um den großen Gipfelfelsen zu ersteigen muss man sich nun dem mit Stahlseilen gesicherten Steig anvertrauen, der auf zwei Gipfel führt – einer davon trägt ein

Gipfelkreuz. Der weitere Wegverlauf führt auf einem bequemen, weiter unten verlaufenden Pfad am dritten Gipfel vorbei zur Höhenkote 2226 m. In einigen Kehren steigen wir dann auf den nahen Gipfel der Cavallazza 02 hinauf. Nach 2 Stunden genießen wir dort eine prachtvolle Rundsicht über die imposante Gebirgskulisse der Pale di San Martino mit dem Cimon della Pala, zum Colbricon im Westen, aber natürlich auch den Blick auf den etwas tiefer gelegenen Lago Cavallazza. Wieder unten beim Weg angelangt wandern wir auf diesem in 45 Minuten durch Wiesen und Geröll zu den Laghi di Colbricon 03 mit dem gleichnamigen Rifugio hinunter. Dort kamen prähistorische Funde ans Tageslicht. Im sanften Auf und Ab zieht der Weg Nr. 348 durch Wald bis zu einer Forststraße gegenüber der Malga Rolle, von der wir rechts zum Ausgangspunkt am Passo Rolle 01 zurückkehren; 1 Stunde.

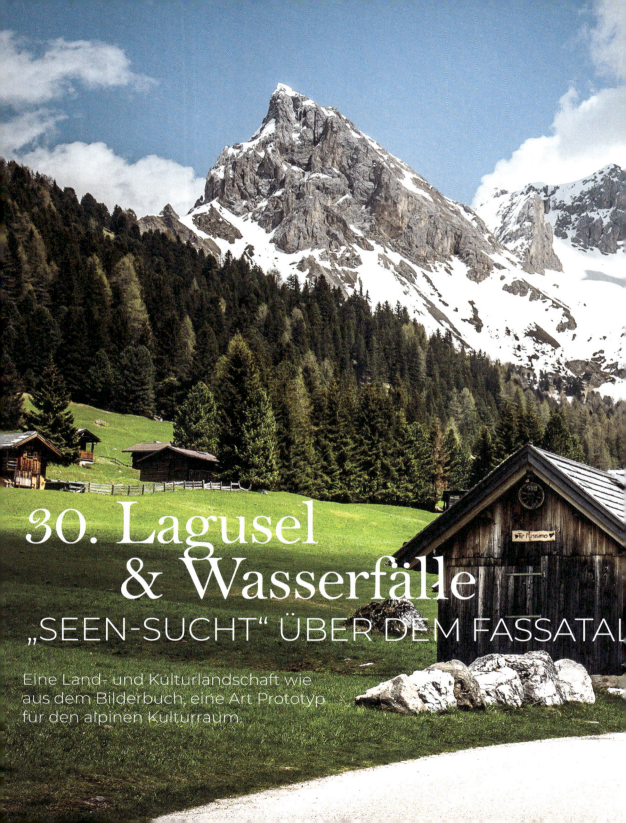

30. Lagusel & Wasserfälle
„SEEN-SUCHT" ÜBER DEM FASSATAL

Eine Land- und Kulturlandschaft wie aus dem Bilderbuch, eine Art Prototyp für den alpinen Kulturraum.

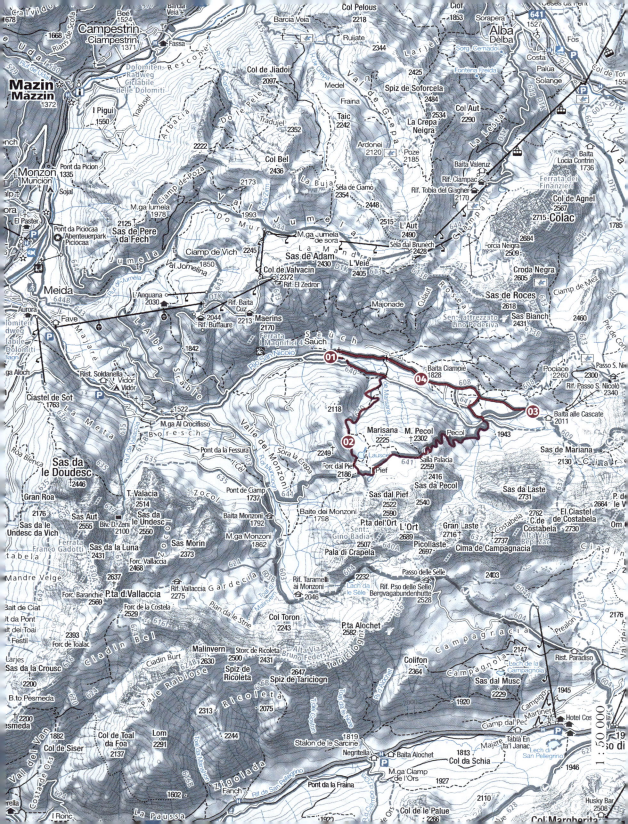

Wildes
RAUSCHEN

Wer aus dem Val San Nicolò, einem stillen Seitental des Val di Fassa, zum winzigen Wasserauge des Lagusel hinaufwandert, erlebt die Dolomiten so ganz anders als die schnellen Passreisenden.

Dichte Wälder und saftige Almwiesen, verstreut ein paar alte Hütten, der kleine Lagusel-See und die beeindruckend aufragenden grauen Felsriesen dahinter, dazu rauschende Bergbäche und Wasserfälle – kaum zu glauben, dass sich das alles wirklich so schön bei einer Wanderung verbinden lässt.

Beim Rückweg von der Baita Ciampie zum Ausgangspunkt bietet sich nach rechts auch noch ein kurzer Abstecher zur Höhenkapelle der Madonnina della Luce an.

Wilder PLACE 30

Lagusel & Wasserfälle

Bequeme und aussichtsreiche Wanderung zum See und zu den Wasserfällen.

Dauer ca. 3:30 h | Distanz: 9,7 km | Höhenmeter: 520

Lagusel? Da muss man schon ein wenig genauer auf der Wanderkarte nachsehen, um dieses kleine Wasserwunder im Umfeld des Fassatals zu finden.

▶ Vom oberen Teil des Parkplatzes von Sauch **01** folgen wir der „Strada dei Russi" (Wegweiser nach Lagusel) und biegen rechts in den Weg Nr. 640 ein. Hier geht es im Wald steil aufwärts bis zum Kruzifix Pauso del Pelegrin, 1970 m. Weiter steil aufwärts durchqueren wir eine eingezäunte Rinne und kommen – hinter einem Gatter – aus der Vegetationszone heraus. Mit freiem Blick auf den Sas dal Pief, 2522 m, wandern wir eben zum romantischen Lagusel **02**, einem in einer Wiesenmulde reizvoll gelegenen See. Der Weg führt rechts am See vorbei zu weiter oben liegenden Heustadeln, wobei wir dem Sas dal Pief, 2522 m, der die obere Wiesenterrasse beherrscht, immer näherkommen. Bei zwei Unterständen kreuzen sich die Wege Nr. 641 (Teil des Sentiero della Pace/Friedensweg) und der Sentiero Gino Badia, der auf Geröll unterhalb des Sas dal Pief aufsteigt. Wir gehen nach links auf den Weg Nr. 641 und wandern gemütlich über Wiesen aufwärts. Zurückschauend bieten sich immer wieder Ausblicke ins Fassatal und auf die Rosengartengruppe.

Der Weg zieht jetzt zur Forcella Pecol, 2255 m, die oberhalb eines Brunnens in kurzer Zeit erreicht wird. Jenseits des Sattels, der sich zu Füßen des bescheidenen Sas da Pecol öffnet, geht es nun abwärts, durch ein Gatter und über Wiesen mit schönem Blick auf den Col Ombert, 2670 m, und ins Val San Nicolò. Wir wandern am Forstweg weiter hinunter bis zur „Russenstraße", auf der es nach rechts ein wenig ansteigt bis zum Weg, der am San-Nicolò-Bach entlangführt. Auf ihm kommen wir zur charakteristischen Baita alle Cascate **03** (Blick auf die Wasserfälle). Nun folgt man nach links dem Weg Nr. 608 bis zur Baita Ciampie **04**, 1828 m, und weiter der Straße bis Mezzaselva zum Ausgangspunkt beim Parkplatz in Sauch **01**.

Brich auf und finde deine

Wilder
PLACES

Impressum & BILDNACHWEIS

HERAUSGEBER:
© KOMPASS-Karten GmbH, Karl-Kapferer-Straße 5,
A-6020 Innsbruck, 1. Auflage 2024 (24.01)
Verlagsnummer 1552, ISBN: 978-3-99154-141-7

KONZEPT UND PROJEKTLEITUNG:
Konzept: Thomas Kargl (KOMPASS-Karten)
Projektleitung: Miriam Weber und Julia Flory
Kartengrundlage: © KOMPASS-Karten GmbH unter Verwendung von
© OpenStreetMap Contributors (www.openstreetmap.org)
S.7: WorldPop (Open Spatial Demographic Data and Research - School of Geography and Environmental Science, University of Southampton; Department of Geography and Geosciences, University of Louisville; Departement de Geographie, Universite de Namur) and Center for International Earth Science Information Network (CIESIN), Columbia University (2018). Global High Resolution Population Denominators Project - Funded by The Bill and Melinda Gates Foundation (OPP1134076). WorldPop: DOI: 10.5258/SOTON/WP00674
Tourenbeschreibungen: KOMPASS-Karten GmbH
Texte: Maria Strobl & Kompass-Karten GmbH.
Besonderer Dank geht an unsere Kompass-AutorInnen, deren Texte als Grundlage dienten.
Titelbild: Die Cirspitzen von Stefan Mahlknecht
Grafische Herstellung: KOMPASS-Karten GmbH unter der Leitung von Mirjam Salzburger

BILDNACHWEIS
(aufgelistet mit der Seitenzahl nach Fotografen und Quellen):
Fabian Künzel: S. 10, 98–103, 104–109, 150–155, 192–197; Luisa Härtel: S. 44–49, 56–61, 80–85, 130–137, 156–163, 164–169, 176–185, 198–203, 208re, U3; Philipp Pliger: S. 12/13, 186–191; Roman Huber: S.116–123, 170–175; Stefan Mahlknecht: S. 1, 2/3, 11, 14–19, 32–37, 38–43, 50–55, 62–67, 68–73, 74–79, 86–91, 92–97, 110–115, 124–129, 138–143, 144–149, U2; Thomas Kargl: S. 24–25, 26–31, 204/205, 208li, Cover Rückseite;

Alle Angaben und Routenbeschreibungen wurden nach bestem Wissen gemäß unserer derzeitigen Informationslage gemacht. Die Wanderungen wurden sehr sorgfältig ausgewählt und beschrieben, Schwierigkeiten werden im Text kurz angegeben. Es können jedoch Änderungen an Wegen und im aktuellen Naturzustand eintreten. Wanderer und alle Kartenbenützer müssen darauf achten, dass aufgrund ständiger Veränderungen die Wegzustände bezüglich Begehbarkeit sich nicht mit den Angaben in der Karte decken müssen. Bei der großen Fülle des bearbeiteten Materials sind daher vereinzelte Fehler und Unstimmigkeiten nicht vermeidbar. Die Verwendung dieses Führers erfolgt ausschließlich auf eigenes Risiko und auf eigene Gefahr, somit eigenverantwortlich. Eine Haftung für etwaige Unfälle oder Schäden jeder Art wird daher nicht übernommen. Für Berichtigungen und Verbesserungsvorschläge ist die Redaktion stets dankbar. Korrekturhinweise nehmen wir gerne entgegen.

Mehr Touren und Erlebnisse genießen

Und jetzt? Haben dich die Tourenvorschläge motiviert loszustarten oder willst du ein langersehntes Wunschprojekt umsetzen? Bei uns findest du neben vielen Outdoor-Büchern auch die richtigen Karten für deine Projekte. Die vorgestellten Touren in diesem Buch sind eine Auswahl, getroffen von der KOMPASS-Redaktion. Sie sollen an mehreren Beispielen zeigen, wo Südtirol und die Dolomiten noch wild sind.

Natürlich gibt es noch viele weitere Plätze, die du am besten auf der Wanderkarte selbst entdeckst. Für weitere vorgestellte Touren empfehlen wir dir unsere Reihen „Dein Augenblick" oder „Endlich". Schau auf unserer Website vorbei:

www.kompass.de

Dein Augenblick

Endlich

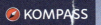

Südtirol & Dolomiten
Wilder PLACES

Danke, ...

dass du ein Produkt kaufst, das verantwortungsvoll und nachhaltig produziert wurde.

MIX
Papier | Fördert gute Waldnutzung
FSC® C018236